O VISIONÁRIO E
O INTEGRADOR

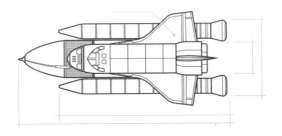

Gino Wickman e Mark C. Winters

O VISIONÁRIO E O INTEGRADOR

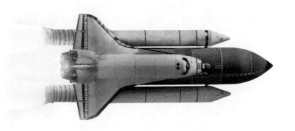

Os dois tipos de líder de que as empresas
precisam para serem altamente bem-sucedidas

SEXTANTE

Título original: *Rocket Fuel*

Copyright © 2015 por Gino Wickman e Mark C. Winters
Copyright da tradução © 2024 por GMT Editores Ltda.

 Visionary/Integrator™, Level 10 Meeting™, The Issues Solving Track™, LMA™, e Core Questions™ são marcas registradas da EOS Worldwide, LLC. Todos os direitos reservados.
90-Day World®, Entrepreneurial Operating System®, EOS®, Traction®, EOS Implementer®, Certified EOS Implementer®, Professional EOS Implementer®, Organizational Checkup®, EOS Process®, EOS Model®, e The EOS Life® são marcas registradas da EOS Worldwide, LLC. V/I Duo™ e The Same Page Meeting™ são marcas registradas de Gino Wickman.

Todos os direitos reservados. Nenhuma parte deste livro pode ser utilizada ou reproduzida sob quaisquer meios existentes sem autorização por escrito dos editores.

coordenação editorial: Sibelle Pedral
produção editorial: Livia Cabrini
tradução: Paulo Afonso
preparo de originais: Heloisa Fernandes/Mastertexto
revisão: Ana Grillo e Luis Américo Costa
diagramação: Ana Paula Daudt Brandão
capa: Editora Sextante
imagens de capa: iStock
impressão e acabamento: Bartira Gráfica

CIP-BRASIL. CATALOGAÇÃO NA PUBLICAÇÃO
SINDICATO NACIONAL DOS EDITORES DE LIVROS, RJ

W627v
    Wickman, Gino
        O visionário e o integrador / Gino Wickman, Mark C. Winters ; tradução Paulo Afonso. - 1. ed. - Rio de Janeiro : Sextante, 2024.
        176 p. ; 21 cm.

    Tradução de: Rocket fuel
    ISBN 978-65-5564-789-1

    1. Sucesso nos negócios. 2. Planejamento estratégico. 3. Empreendedorismo. I. Winters, Mark C. II. Afonso, Paulo. III. Título.

23-86726   CDD: 658.409
                                        CDU: 005.336

Gabriela Faray Ferreira Lopes - Bibliotecária - CRB-7/6643

Todos os direitos reservados, no Brasil, por
GMT Editores Ltda.
Rua Voluntários da Pátria, 45 – 14º andar – Botafogo
22270-000 – Rio de Janeiro – RJ
Tel.: (21) 2538-4100
E-mail: atendimento@sextante.com.br
www.sextante.com.br

*Para os empreendedores:
os 3% que criam 66% dos empregos.
Este livro deverá ajudá-los a criar mais alguns.
– Gino Wickman*

*Para meu pai, o médico R. L. Winters:
mãos de curandeiro, um coração dedicado ao Senhor e o espírito
aventureiro de um empreendedor... Você me ensinou muito.
Fico maravilhado com o número de vidas que você impactou –
nenhuma mais do que a minha.*

*Para minha linda esposa, Beth, e meus filhos, Austin, Blake e
Carson: tudo é melhor quando estou com vocês. Vocês são meu
mundo. Amo vocês mais do que as palavras podem descrever.
– Mark C. Winters*

SUMÁRIO

PREFÁCIO A DESCOBERTA   9

PARTE 1 O CONTEXTO   15
  CAPÍTULO 1 O VISIONÁRIO   17
  CAPÍTULO 2 O INTEGRADOR   39
  CAPÍTULO 3 O RELACIONAMENTO   57

PARTE 2 COMO FAZER   75
  CAPÍTULO 4 O DIAGRAMA DE RESPONSABILIDADES   77
  CAPÍTULO 5 AS CINCO REGRAS   99
  CAPÍTULO 6 ENCONTRANDO UM AO OUTRO   111
  CAPÍTULO 7 PACIÊNCIA   131

BÔNUS   143
  A CEREJA DO BOLO AS CINCO FERRAMENTAS   145

  AGRADECIMENTOS   169
  RECURSOS ADICIONAIS   175

VISIONÁRIO – vi·sio·ná·rio, *substantivo*

   : aquele que tem ideias claras a respeito do que deve acontecer ou ser feito no futuro
   : aquele que tem uma imaginação poderosa
   : aquele que vê além
   : aquele que faz previsões incomuns

Sonhador, criador

INTEGRADOR – in·te·gra·dor, *substantivo*

   : aquele que integra
   : aquele que une harmoniosamente as principais funções de um negócio
   : aquele que mantém os trens funcionando no horário
   : aquele que cria foco, responsabilidade e alinhamento

Braço direito, impulsionador

PREFÁCIO

A DESCOBERTA

Este livro é um manual de instruções para entender e administrar o relacionamento entre um "visionário" e um "integrador". Isso ajudará você a consolidar o significado dessas duas funções e a levar sua empresa ao próximo nível de sucesso. Você aprenderá a utilizar a parceria da maneira correta para maximizar seu potencial e alcançar tudo que deseja do negócio.

COMO VISIONÁRIO

Este é o livro certo, se você:

- For proprietário, fundador, cofundador ou sócio de uma pequena empresa e se sentir paralisado, frustrado, sobrecarregado ou sem controle do negócio.
- Quiser ter um excelente subcomandante que o libere para atingir o próximo nível.
- Ainda não se decidiu a procurar um presidente, gerente-geral ou diretor de operações.
- Já tem um integrador e deseja maximizar o relacionamento com ele.

COMO INTEGRADOR

Este é o livro certo, se você:

- Tiver todas as características de um competente subcomandante e quiser colocá-las em prática.
- Ocupar o segundo posto em uma organização e desejar contribuir para levá-la ao próximo nível.
- For parceiro de um visionário e o relacionamento entre vocês estiver tenso, frustrante ou funcionando mal.

A mensagem deste livro se baseia em um conceito formulado há duas décadas por Gino Wickman e aplicado por ele durante mais de oito anos em uma empresa familiar da qual era coproprietário antes de vendê-la com sucesso. Depois ele se aprofundou nas pesquisas, validou pessoalmente o conceito e passou a ensiná-lo, trabalhando com mais de 125 empresas em cerca de 1.500 sessões diárias com proprietários e equipes de liderança. O conceito também foi ratificado por uma equipe de implementadores dedicados do Sistema Operacional Empreendedor (SOE), que trabalham com milhares de empresas, e por proprietários de mais de 10 mil organizações que leram e aplicaram os conceitos descritos nos dois livros que Gino escreveu.

É importante observar que as empresas com as quais costumamos trabalhar faturam de 2 milhões a 50 milhões de dólares e empregam entre 10 e 250 pessoas. Embora a descoberta também funcione com outras acima e abaixo dessa faixa, esse é nosso mercado-alvo e nele os conceitos foram validados.

O que Gino descobriu? Em todas as pequenas empresas existem dois tipos de líder: o visionário e o integrador. Um vê o futuro e o outro o faz acontecer. Esses dois papéis não poderiam ser mais diferentes. Portanto, é maravilhoso quando funcionam bem juntos. Entre os exemplos famosos estão Walt e Roy Disney na Disney, Henry Ford e James Couzens na Ford, e Ray Kroc e Fred Turner no McDonald's. Embora você possa pensar nessas empresas como grandes, elas já foram pequenas. Nós as destacamos porque ilustram como a combinação V/I (visionário/integrador) foi vital para o crescimento inicial.

Este livro contém ainda diversos outros exemplos, extraídos de centenas de milhares de pequenas organizações pouco conhecidas. Embora a escala seja diferente, as duas funções também são vitais para a construção de uma grande empresa. Aqui você conhecerá exemplos de V/I do mundo real, como Joel Pearlman e Rob Dube da imageOne (15 milhões de dólares de faturamento), Randy Pruitt e David Bitel da Detroit Radiator (20 milhões) e John Pollock e Paul Boyd da Financial Gravity (2 milhões).

Essa descoberta resultou de três situações que se sucederam rapidamente após Gino ter assumido a gestão dos negócios da família.

Na primeira situação, Gino estava reunido com seu mentor de negócios, Sam Cupp, que descreveu o tipo de indivíduo que ele chamava de visionário.

A segunda ficou evidente nos primeiros seis meses em que Gino trabalhou ao lado do pai na empresa. Ele percebeu que seu pai era a encarnação clássica de um visionário, exibindo todas as características que você conhecerá neste livro.

A terceira foi quando ele assistiu a um workshop gravado por Michael E. Gerber, autor do clássico *O mito do empreendedor – Por que muitos negócios fracassam? O que você pode fazer para vencer?*. No workshop, Gerber usava o termo "integrador" para definir como a pessoa no comando de uma organização executa suas principais funções.

A combinação dessas três situações criou um contexto que dava sentido aos problemas que Gino enfrentava. Ele percebeu que era um integrador, enquanto seu pai era um visionário. O fato de terem aptidões diferentes, dadas por Deus, poderia gerar resultados maravilhosos – se as aptidões fossem usadas corretamente. Mas, na época, tudo estava caótico. Os dois desejavam salvar a empresa e tinham boas intenções, mas trabalhavam com objetivos opostos.

Com essa percepção, Gino convocou uma reunião dos três sócios e expôs os novos princípios. No fim, os papéis de cada um no futuro ficaram nítidos. O pai de Gino foi classificado como visionário e Gino, como integrador (o terceiro sócio assumiu a função de gestor da área de vendas). Definidos os papéis e as responsabilidades, eles entraram no modo de execução. Deu certo! Sete anos depois, a empresa já tinha retomado o crescimento, a lucratividade e a sustentabilidade. Eles acabaram fazendo um bom negócio ao vendê-la.

Depois dessa experiência, Gino passou a dedicar todo o seu tempo de trabalho a ajudar as pessoas a alcançarem seus objetivos nos negócios. A dinâmica V/I representa uma grande parte do que ele ensina. Nas palavras de Danielle Kennedy, palestrante do Hall da Fama da Associação Nacional dos Oradores dos Estados Unidos: "Ensinamos o aprendizado que foi mais importante para nós." A paixão continuou crescendo. Na EOS Worldwide temos agora uma equipe de implementadores do SOE de alto nível que trabalham com milhares de líderes e organizações contribuindo para atingirem os resultados desejados.

Isso nos leva ao coautor deste livro. Mark C. Winters é um de nossos melhores implementadores do SOE, com mais de vinte anos de empreendedorismo e colaborações com outros empresários. Mark entende como a união de forças desempenha um papel importante para impulsionar uma organização. Gino se sente muito grato por tê-lo ao seu lado neste importante trabalho.

Antes de começar, é importante entender que existe uma crença filosófica no cerne dessa descoberta. Todos os seres humanos têm um conjunto de aptidões ou características genéticas dadas por Deus – o que Dan Sullivan (empresário, consultor, planejador estratégico, orador, instrutor e escritor) chamaria de "Capacidade Singular".* A premissa é que todas as pessoas têm o próprio conjunto. Tanto um visionário como um integrador estão destinados a ser o que são. Você será um ou outro, raramente os dois. Um professor da Universidade da Califórnia destaca a necessidade de haver um visionário e um gestor no comando de uma empresa. O entusiasmo de um visionário precisa ser contrabalançado pela prudência e disciplina de um gestor. Ele enfatiza o mesmo ponto que nós na relação V/I, só que usando uma terminologia diferente. Quando estruturada corretamente, a dinâmica entre esses dois dons de liderança pode ser mágica.

Abordaremos tudo isso aqui, inclusive como deve ser a interação entre esses indivíduos, como poderão se descobrir e trabalhar juntos com maior eficácia, além de maximizar e melhorar constantemente o relacionamento.

O caminho a seguir não só o ajudará a descobrir como a construir e administrar o relacionamento entre um visionário e um integrador, mas também a resolver a tensão e a frustração típicas da dinâmica entre pessoas tão diferentes.

Nós o ajudaremos a desvendar qual dos dois você é – e a se liberar para aceitar isso. Esta é nossa recomendação: descubra, assuma o papel e se destaque!

Temos o privilégio de ministrar diariamente ensinamentos a líderes empresariais. Testemunhamos os resultados positi-

---

* "The strategic coach"® (o coach estratégico) e "unique ability"® (Capacidade Singular) são marcas registradas e conceitos de propriedade da The Strategic Coach, Inc. Os direitos autorais de "unique ability"® e dos trabalhos derivados desse conceito são propriedade da The Strategic Coach, Inc. Todos os direitos reservados. Usados aqui com permissão por escrito. www.strategiccoach.com.

vos alcançados com a definição desses dois personagens vitais: as empresas ganham velocidade de crescimento, tranquilidade, liberdade, maior lucratividade, diversão e uma coesão consideravelmente maior. Temos a sorte de contribuir para libertar os visionários das algemas dos detalhes cotidianos, estimulando sua criatividade para expandir os negócios e capitalizar as tendências do setor. Validaremos também o talento único dos integradores, para que assumam as rédeas de uma empresa no dia a dia, instituindo clareza organizacional, responsabilidade, foco e harmonia.

O que estamos prestes a compartilhar é uma ciência – real e poderosa. Quando bem aproveitada, torna-se muito eficaz. Pode ser o caminho para você vencer seus obstáculos.

PARTE 1

O CONTEXTO

CAPÍTULO 1

O VISIONÁRIO

Você é um visionário? Alguém já o chamou assim? Talvez vejam algo que você não percebe totalmente a respeito de si mesmo – pelo menos ainda não. Ou talvez seja algo que sempre soube.

Se você for um visionário, faz parte dos 3% da população que criam dois terços dos novos empregos. Esse percentual foi revelado por John F. Dini no livro *Hunting in a Farmers World: Celebrating the Mind of an Entrepreneur* (Caçando em um mundo de agricultores – Louvando a mente de um empreendedor).

Compreender o conceito de visionário dentro de uma organização é um dos grandes avanços vivenciados por nossos clientes. Alguns chegaram mesmo a ensinar esse conceito a estudantes de MBA, dando-nos o crédito. Entendê-lo e implementá-lo é tão revelador quanto fortalecedor. Com sinceridade, também evitou que alguns sócios se trucidassem. Analisemos a vida de um visionário.

CONTRIBUIÇÃO PARA UMA EMPRESA

Primeiro é preciso entender que as características que descreveremos a seguir são atributos comuns, mas nenhum visionário tem 100% delas. No entanto, uma boa regra é que, se reunir 80% das características descritas, você é um visionário.

Um visionário é extremamente apaixonado por seu produto, serviço, por sua empresa e seus clientes. Ao procurar "paixão" no dicionário, a descrição se encaixa como uma luva nesse perfil. O visionário vê longe e é criativo – provavelmente o fundador de sua empresa. Na maioria das vezes, veremos títulos *externos* como proprietário, fundador, CEO, diretor ou presidente nos cartões de visita. No entanto, acreditamos que a referência *interna* ao que essas pessoas fazem esclarece melhor seu papel (por exemplo, visionário ou integrador) do que cargos tradicionais, pois captura a verdadeira contribuição de cada indivíduo para uma organização.

Geração de ideias. O visionário tem muitas ideias. Em geral, dez por semana. Várias não são boas ou talvez não se encaixem no foco central da empresa. Algumas podem até ser perigosas. Mas outras são simplesmente brilhantes. Essas poucas grandes ideias são o que mantém o crescimento contínuo da organização e podem levar empresas à Lua. Por isso, seu valor é inestimável.

Rob Dube, o integrador e coproprietário da imageOne – empresa de 15 milhões de dólares que oferece serviços gerenciados de impressão e soluções para fluxos de trabalho –, analisa a história de seu sócio, o visionário Joel Pearlman. A "grande ideia" de Joel foi entrar em um grupo de compras, o que aumentou consideravelmente as margens de lucro e o conhecimento do produto. Ele também defendeu a venda da empresa e depois a recompra. Sua visão ao estipular 60 milhões de dólares de faturamento e 6 milhões de dólares de lucro como meta para dez anos inspirou a organização toda. (Aliás, eles estão perto de atingir essa meta.) Além disso, Pearlman fechou contrato com um grande cliente, que hoje representa 10% do faturamento. Rob diz: "Tive que filtrar muitas das ideias do Joel, mas nada disso teria acontecido se ele não estivesse aqui."

O visionário é muito criativo. É ótimo gerando soluções para grandes problemas, embora não para as pequenas questões práticas. Gosta de aprender, encontrar novas ideias, mergulhar nelas e imaginar como poderiam funcionar para a empresa. Ao encontrar um obstáculo, batalha para obter as respostas. Também gosta de usar recursos visuais nas explicações, desenhando diagramas em quadros brancos, *flipcharts*, blocos de notas, guardanapos ou no que estiver ao seu alcance. Um valor fundamental é sua capacidade de descobrir e imaginar novas maneiras de fazer tudo dar certo.

"Inovadores [visionários] encontram, na vida e no trabalho, algo em desarmonia que o senso comum ignora ou nega." A citação está no livro *The Innovator's Way* (O caminho do inovador), em que os autores Peter Denning e Robert Dunham fazem referência a outro livro, *Disclosing New Worlds* (Revelando novos mundos), para descrever o primeiro passo dado pelos visionários no processo de inovação.

Panorama geral. O visionário é fantástico com clientes, vendedores, fornecedores e demais relacionamentos financeiros importantes – os grandes relacionamentos externos. Destaca-se ao fechar grandes negócios. É claramente melhor em assuntos de alto nível: grandes ideias e resolução de problemas complexos. Quanto menores e mais detalhadas as questões, menos interesse despertam. Soa familiar?

Antevendo o futuro. Esse perfil também é ótimo com Pesquisa e Desenvolvimento (mais "P" do que "D") de novos produtos e serviços. Sempre tem uma noção do mercado e do setor – inclusive das necessidades futuras dos clientes. Pensa estrategicamente, visualiza o panorama completo e liga os pontos. Vê o que os outros não enxergam. Isso o posiciona perfeitamente para criar e defender uma visão da empresa, e ajuda o restante da equipe a entender o que será necessário para continuarem à frente. É ótimo em transformar suas melhores ideias sobre o futuro em uma visão, desde que não precise implementar nenhum desses planos. Ele tem certeza de que a empresa pode chegar lá. Mesmo que ainda não saiba exatamente como, isso não abala sua convicção.

Todd Sachse, o visionário da Sachse Construction, empreiteira que vale 120 milhões de dólares, tomou uma decisão ousada na grande recessão de 2009. Contrariando a tendência do setor, não reduziu o tamanho da empresa naquele cenário de retração. Acreditava que a recessão não duraria para sempre e a via como uma oportunidade para atingir dois objetivos: contar com a maior parte da equipe quando a crise acabasse e contratar novos talentos, que de outra forma não estariam disponíveis. Isso colocou a empresa em condições de capitalizar oportunidades que outras não podiam aproveitar, em função de um extremo *downsizing*. A Sachse Construction cresceu 200% durante e após a grande recessão. Nesse mesmo período, muitas empreiteiras faliram ou encolheram para menos da metade do tamanho anterior.

Por conta desses dons incríveis, os visionários são os criadores de quase tudo. O planeta seria bem pobre sem eles. Como mencionamos no início deste capítulo, constituem os 3% da população que geram dois terços dos novos empregos.

Mentalidade de caçador. Em seu livro, John F. Dini chama os visionários de "caçadores", o que significa que estão programados de maneira diferente da maioria. Estão sempre no modo "caça": por ideias, negócios, oportunidades e soluções para grandes problemas. Dini os descreve como tendo "capacidade para navegar no nevoeiro", explicando que sabem "como seguir na direção certa quando não dispõem de uma bússola nem de placas de sinalização". Ele diz: "Empreendedores [Visionários] caçam. Não administram. Exploram em vez de analisar. Constroem empresas com visão, criatividade e tenacidade, não com políticas e procedimentos."

Se a maior parte ou tudo que acabou de ler o descreve, saiba que você é um visionário. Conheça a si mesmo e seja livre!

O QUE FAZ O VISIONÁRIO

Os papéis do visionário em uma organização são, em última análise, adaptados a sua Capacidade Singular® específica. Os mais comuns são:

- "Faísca" de novos empreendimentos
- Inspirador
- Despertador de paixões
- Desenvolvedor de novas e grandes ideias /descobertas
- Grande solucionador de problemas
- Gerador e mantenedor dos relacionamentos externos mais importantes
- Realizador de grandes negócios
- Estudioso, pesquisador e descobridor
- Criador e defensor da visão da empresa

O DNA DO VISIONÁRIO

Nossa experiência também revela um padrão nítido de características comuns a um verdadeiro visionário. Ele normalmente:

- É o fundador do empreendimento
- Tem muitas ideias criativas
- É um pensador estratégico
- Vê sempre o panorama geral
- Está familiarizado com o setor e o mercado

- Pesquisa e desenvolve novos produtos e serviços
- Gerencia os relacionamentos externos mais importantes (clientes, fornecedores, indústrias)
- Envolve-se com clientes e colaboradores quando seus dons são necessários
- Inspira as pessoas
- Soluciona (grandes) problemas com criatividade
- Cria a imagem da empresa e a protege
- Fecha grandes negócios
- Liga os pontos
- Às vezes, ele próprio oferece o serviço e faz o produto

OS DESAFIOS DO VISIONÁRIO: O QUE ELE NÃO É

Após ler essas características maravilhosas, você deve estar pensando que os visionários (entre eles, talvez você) são praticamente sobre-humanos. Certo?

Bem, como ocorre em geral na natureza, dons extraordinários trazem desafios extraordinários. Vejamos, então, os desafios que um visionário talentoso enfrenta. Ele pode até ser capaz de realizar muitas das ações a seguir – mas não gosta delas o bastante para acompanhá-las ao longo do tempo.

Falta de foco. O visionário fica entediado facilmente. Por isso, começa a criar um certo caos só para apimentar as situações. Esse padrão se destaca mais ainda quando um visionário assume a função de integrador. A princípio, todo mundo fica animado com suas novas ideias ou direção. Durante uns noventa dias a organização apresenta um ótimo pico de desempenho. Depois, infelizmente, tudo tende a desabar porque o visionário se entediou com a gestão do dia a dia e passou a sabotar a própria visão.

Um visionário nos confessou: "Fico entediado facilmente e minha energia para trabalhar às vezes diminui." Outro declarou: "Meu maior desafio é vencer o tédio. Quando disponho de capacidade e tempo extras, tendo a me intrometer nas responsabilidades de outras pessoas para passar o tempo." Houve um que disse: "Preciso me esforçar para manter o foco e seguir em frente." São pessoas que começam muitos projetos ao mesmo tempo e só concluem alguns.

Ideias demais. Todo mundo admira a capacidade de aprender do visionário. Ele precisa entender tudo de modo prático e interativo, o que consegue pondo a mão na massa. Esse método, no entanto, pode causar confusão, pois o visionário adora fugir dos padrões e perseguir ideias aparentemente brilhantes que, muitas vezes, não se encaixam no foco central da empresa. Sente pouco interesse pelo impacto negativo que isso possa ter nos recursos, nos colaboradores, na produtividade e na lucratividade. Uma nova ideia pode acabar sabotando sua melhor ideia. Esse talvez seja o calcanhar de aquiles do visionário.

Marc Schechter, visionário e coproprietário da Schechter Wealth, uma grande empresa de consultoria de investimentos e seguros de vida que conta com quarenta colaboradores, disse: "Minha lista de desejos não para de crescer e supera nossa capacidade de execução. Discutir com a equipe que ideias não colocaremos em prática é sempre um desafio. Mesmo sem os recursos adequados, essas ideias que não vão adiante acabam me afastando das responsabilidades na execução do projeto real." Outro visionário, quando questionado sobre quais são seus maiores desafios, resumiu: "Ideias demais." Houve um que afirmou: "Estou sempre tentando colocar cem quilos de merda em um saco de cinquenta quilos."

Em seu livro *The Hypomanic Edge: The Link Between (a Little) Craziness and (a Lot of) Success in America* (O limite hipomaníaco: a ligação entre [um pouco de] loucura e [um bocado de] sucesso nos Estados Unidos), John D. Gartner apresenta uma teoria interessante sobre os visionários, cujo *modus operandi* pode ser considerado uma forma de mania. Gartner é psicoterapeuta e professor associado de psiquiatria na Escola de Medicina da Universidade Johns Hopkins. Seu livro, poderoso e esclarecedor, revela que muitos dos grandes visionários do passado podem ter sido hipomaníacos. Ele descreve a hipomania como uma forma leve de mania que dota as pessoas de uma energia incomum, além de criatividade, entusiasmo e propensão a correr riscos. Um caso notável de hipomania, citado por Gartner, é o de Andrew Carnegie, que criou a indústria siderúrgica norte-americana.

Gartner explica que existem muitos empreendedores (visionários) nos Estados Unidos porque a maioria é imigrante ou descende de imigrantes. A característica está em nossos genes graças a nossos antepassados, que tiveram a vontade, o otimismo e a ousadia de deixar seus países e partir para a "terra prometida".

Dan Sullivan, criador do programa Instrutor Estratégico, que já treinou mais de 15 mil empreendedores, descreve o fenômeno da seguinte forma: "Os empreendedores têm um otimismo irreal. É a química de seus cérebros. Eles veem o que os outros não veem." Na mesma linha, alguém disse certa vez que Steve Jobs, da Apple, tinha um "campo de distorção da realidade".

Desorientação. Outra característica que vemos com frequência é o que chamamos de "desorientação organizacional". Nesse caso, a organização está tão sintonizada com o visionário e suas ideias que sempre que ele vira a cabeça para uma direção – seguindo uma nova ideia – a organização inteira acompanha. Melhor dizendo, a organização tenta, mas não consegue acompanhar o ritmo das mudanças. Assim, acaba perdendo toda a noção de para onde está indo. Na verdade, não podemos culpar o visionário. Ele provavelmente nem percebe o que está acontecendo – até o estrago ser feito. Isso acarreta outra dinâmica que aflige muitas organizações: a falta de coerência.

Nessa mesma linha, vemos um tipo de comportamento binário em que o visionário está totalmente envolvido em algo... ou totalmente fora. Além disso, ele muda muito – ora está dentro, ora está fora. Esse efeito é semelhante a alguém brincando com um interruptor, ligando e desligando a luz sem parar. O que pode virar um caos em uma organização. Surpreso? Ou soa familiar?

Isso pode indicar, em algum grau, um TDA (transtorno de déficit de atenção). Mas é também uma dádiva, pois dá origem a muitas ideias. Pelo lado negativo, o visionário é incapaz de ouvir atentamente, a menos que seu interlocutor sintetize sua tese em menos de 30 segundos. Esse interlocutor pensará que o visionário não se importa o suficiente para ouvi-lo e poderá sentir *mais* dificuldade em abordá-lo, sabendo que será ignorado caso não consiga se expressar com a rapidez suficiente. O visionário pula de um assunto para outro sem qualquer sequência, dificultando que as pessoas o sigam, mas achando que entenderam seu raciocínio. Por outro lado, é comum que elas não se sintam à vontade para interrompê-lo, o que seria desejável. A falta de comunicação impera. Todos ficam frustrados – inclusive o visionário.

Impaciência com detalhes. Em geral, pessoas com esse perfil não são bons gestores. Não gostam de delegar, nem de detalhes, nem de administrar a longo prazo o dia a dia da empresa. Nem são muito persistentes.

Explicar os detalhes de suas ideias pode ser muito difícil. Repeti-los é ainda mais desgastante. Um ótimo exemplo desse problema de comunicação é relatado em *Ideias que colam*, dos irmãos Chip e Dan Heath. O livro descreve um estudo feito na Universidade Stanford em que dois alunos ficavam sentados frente a frente em uma mesa. Um deles recebia uma lista com

25 canções conhecidas para escolher uma. Depois era instruído a batucar na mesa o ritmo da escolhida. O outro aluno deveria identificar a canção apenas pelo som. Das 120 músicas batucadas, os ouvintes acertaram apenas três. O resultado ilustra um ponto surpreendente. O aluno que batucou a canção de ninar *Twinkle, Twinkle, Little Star* (Pisque, pisque, estrelinha) ouviu todas as notas em sua cabeça. Perfeitamente. E ficou surpreso ao saber que a canção tinha sido identificada apenas 2,5% das vezes. Não percebeu que para quase todos os ouvintes eram apenas monótonas pancadas na mesa.

O visionário tem uma imagem cristalina de suas ideias. Em cores vivas. Quando as explica, ouve o doce som da música. Infelizmente, na maior parte do tempo os demais ouvem apenas um ruído, fruto da comunicação insuficiente das ideias. Na mesma medida em que é capaz de criar um projeto, é incapaz de transmiti-lo bem.

Dificuldade para desenvolver talentos. Em *Empresas feitas para vencer*, Jim Collins descreve um padrão comum de comportamento de liderança como "um gênio com mil ajudantes". Muitos visionários sofrem desse problema. São bastante inteligentes e provavelmente chegaram até aqui usando apenas o próprio talento – sem precisar recorrer a habilidades dos outros. Portanto, não é surpreendente que tenham passado pouco tempo pensando em como desenvolver tais habilidades. Mas o que os trouxe tão longe não os levará ao próximo nível. Os visionários acham extremamente difícil atrair o tipo de liderança capaz de conduzir o dia a dia da organização. Como empreendedores que são, não gostam que lhes digam o que fazer. Seu dom é dizer isso aos outros, vociferando ordens a jovens talentosos e com grande potencial de liderança – afastando-os em vez de desenvolvê-los.

É possível que o visionário veja sua empresa como uma plataforma por meio da qual poderá exibir sua genialidade para o mundo. Uma estrela do rock e seu palco. Sua identidade. Mas essa visão deixa pouco espaço para que o talento se desenvolva ao seu redor.

O visionário é um competidor. Embora encare essa característica de modo positivo, pois o leva a ter sucesso em tudo que empreende, outros acreditam que dificulta a construção de uma equipe saudável. Se é agressivo nas reuniões, fica difícil discordar. Quando frustrado, pode assumir um tom de condescendência e parecer desprezar quem fica aquém de suas expectativas. Tal comportamento pode facilmente desestimular um debate saudável e encorajar bajuladores – impedindo que a equipe enfrente os problemas reais. Isso é ser franco e honesto? Não muito, pois a equipe tomará cada vez menos decisões. Por que alguém deveria se arriscar a ser alvo de sua ira? Todos sabem que o "gênio" sempre está certo.

Em um caso extremo, uma cliente em uma posição de liderança (não revelaremos seu nome) reclamou que seus subordinados já conheciam seu "olhar". Todos percebiam as faíscas que saíam de seus olhos sempre que alguém expressava uma opinião diferente. Então ela franzia os lábios e lá vinha uma explosão de palavras acaloradas para descrever a idiotice verbalizada. Os colaboradores logo perceberam e pararam de cair na armadilha. Limitavam-se a observar os novos contratados que caíam ingenuamente na emboscada, a certa altura transformada em ritual cruel de iniciação. Com o tempo, cada membro da equipe aprendeu a ser um bom papagaio – seguindo as regras e sentando-se à mesa com ar atento. Por outro lado, a cliente jamais conseguiu entender por que se sentia tão sozinha. Lamentava não ter mais ninguém na equipe tão capaz quanto ela. Claro que todos simplesmente mordiam a língua, pois tinham muito medo de falar.

Ainda em *Empresas feitas para vencer*, Jim Collins descreve um exemplo de "individualista rude". Nas décadas de 1960 e

1970, um gênio chamado Henry Singleton levou a Teledyne – uma empresa pequena e desconhecida – à posição 293 na lista das 500 maiores da revista *Fortune*. Fez isso em apenas seis anos. Crescendo por meio de aquisições agressivas, seu império se expandiu até incluir 130 unidades de negócios, cujas operações iam de seguros a metais exóticos. Singleton era uma espécie de polvo que mantinha tudo unido, e teve muito sucesso. Aos 72 anos, ele se afastou do dia a dia da administração. Nunca tinha pensado muito na sucessão. Menos de dez anos após sua partida, os preços das ações da Teledyne foram caindo e a desvalorização chegou a 66%. Singleton foi um homem de sucesso por chegar tão alto? Ou um fracasso por não construir uma empresa que se perpetuasse após sua partida?

O DNA VISIONÁRIO: DESAFIOS TÍPICOS

Nossa experiência mostra que um padrão óbvio nas características mencionadas anteriormente tende a contribuir para alguns dos maiores problemas do visionário:

- Incoerência
- Desorientação organizacional, a "virada de cabeça"
- Equipe disfuncional, falta de abertura e honestidade
- Ausência de uma orientação clara /de comunicação
- Relutância em delegar
- Despreparo de líderes e gerentes sob sua gestão
- "Um gênio com mil ajudantes"
- Precisa sentir-se necessário para os outros, o que alimenta seu ego e sua autoestima
- Olho maior do que a barriga: cem quilos em um saco de cinquenta quilos

- Resistência a seguir processos padronizados
- Entedia-se rápida e facilmente
- Impaciência com detalhes
- Amplificação da complexidade e do caos
- TDA – transtorno de déficit de atenção (nem sempre)
- Está sempre acelerado – e não tem freio
- Está sempre "pilhado" e a maioria das pessoas considera impossível acompanhá-lo

O QUE ESTÁ ATRAPALHANDO?

Se você acha que possui os talentos característicos dos visionários, mas não sabe como maximizá-los, seja bem-vindo ao time. A falta de autoconsciência do visionário é comum. Observamos isso muitas vezes na vida real. Por que eles não se veem como verdadeiros visionários ou não maximizam esse potencial? Três motivos aparecem com mais frequência:

1. **Desconhecimento da função.** Não sabem que existe uma função específica para alguém como eles (visionários) em uma organização. Trata-se de um problema comum em empresas que começam do zero. Fazem o que é preciso – até que tudo passa a ser demais.

    Brandon Stallard, por exemplo, sempre seguiu seus instintos nos negócios. Criou a TPS Logistics como uma startup e a transformou em uma empresa com 85 colaboradores, mas demorou 12 anos para entender o que é um visionário e descobrir que se encaixava nessa categoria. Ficou muito feliz de poder passar todo o seu tempo exercendo essa função. Esclareceu seu papel para os colaboradores e não olhou mais para trás. A adaptação foi difícil no começo, e entregar as rédeas do dia a dia para seu integrador exigiu algum exercício. Mas o fato de ele ter assumido a função de visionário levou a empresa a outro patamar.

2. **Falta de consciência da capacidade.** Talvez o visionário não esteja totalmente ciente dos próprios dons. Construir uma empresa do zero é um trabalho árduo, e fazê-la crescer exige mais ainda. No entanto, apenas arregaçar as mangas não basta para que ele conheça sua verdadeira natureza.

Matt Rossetti, da Rossetti, empresa de arquitetura com mais de setenta colaboradores, sempre fez o que achava natural, mas sabia que era diferente da maioria. Sempre soube enxergar o panorama geral, apresentar soluções criativas para grandes problemas e inspirar sua equipe.

Ele diz: "Nunca percebi que era um visionário. Foi um processo lento e gradativo, quase como resultado de descobrir o que não faço bem. Ao entender que era um visionário (outros viram isso muito antes de mim), fiquei extremamente motivado. Eu me senti livre para, de fato, crescer e ser audacioso nesse papel. Passei a delegar a nosso integrador tudo que não estivesse na esfera de um visionário. Graças a isso, levamos a empresa a outro patamar!"

Porém Matt relutava "em ser ungido como visionário". Como ele definiu: "É uma função sagrada. Enquanto alguns vão direto ao ponto, outros podem hesitar e precisam ser empurrados. Aposto que muitos visionários em potencial deixam de enxergar o valor da função por esse motivo."

3. **Necessidade de controle.** A preocupação em manter o controle, ou a falta de confiança, pode impedir o visionário de delegar tarefas para assumir de fato seu papel. Como muitos empreendedores, ele pode ser bom em várias funções. Sabe

administrar a empresa – porque sempre precisou saber. Mas o que acontece quando não dá para abraçar tudo? É claro que delegar requer confiança. As ferramentas e regras que ensinaremos neste livro permitirão desenvolver uma relação de confiança com o integrador e assegurar que não haverá desastres quando o controle não estiver mais todo nas mãos do visionário.

Certa vez trabalhamos com um visionário (não revelaremos seu nome) que dirige uma empresa de muito sucesso. Por fora, ele parece tranquilo, tendo recebido muitos prêmios e elogios. Na empresa, entretanto, impera o caos. A organização se caracteriza pela falta de responsabilidade e de coerência. Os colaboradores estão cansados de tantos trancos e barrancos, e o visionário se sente exausto. Sabe que terá que ceder em alguma frente, mas teme passar o controle do dia a dia para outra pessoa e prefere carregar todo o fardo. Essa situação não é sustentável a longo prazo, mas, enquanto for assim, a empresa estará mergulhada em problemas.

Independentemente de qual dessas situações você estiver enfrentando por não assumir plenamente seu papel de visionário, neste livro encontrará soluções para o seu caso.

CINCO FRUSTRAÇÕES

Nosso herói, o visionário, está sozinho no comando dos negócios. Apesar de fazer de tudo pela empresa, sente-se frustrado e cansado. Deve estar sofrendo do que chamamos de Cinco Frustrações.

1. **Falta de controle.** Ele criou o empreendimento para ter mais controle sobre seu tempo, seu dinheiro e sua liberdade – seu

futuro. Só que, após atingir um certo ponto de crescimento, percebe que, na verdade, tem menos controle sobre tudo isso do que nunca. Agora é o negócio que controla a sua vida!

2. **Lucratividade baixa.** Em síntese, ele não ganha o suficiente. É terrível analisar o relatório mensal de receitas e despesas (ou o fluxo de caixa diário) e constatar que, apesar de trabalhar muito, a conta não fecha.

3. **Incompreensão.** Parece que ninguém (colaboradores, parceiros, fornecedores) o entende nem age do jeito que ele gostaria. Não há sintonia.

4. **Estagnação.** O negócio ficou mais complexo e parou de crescer. E ele não entende bem o que não está funcionando.

5. **Nada dá certo.** Ele tentou vários métodos, consultou livros e adotou soluções rápidas, mas nada funcionou por muito tempo. Os colaboradores se tornaram insensíveis a novas iniciativas. As engrenagens do negócio estão girando – mas não ganham impulso.

Para piorar, o visionário se entediou com a repetição do dia a dia. Sua empresa já superou o estágio em que a força de vontade resolvia quase qualquer desafio. É como se ele estivesse convencendo um gato a nadar em um lago – algo totalmente antinatural. Está na hora de abordar seriamente a estrutura, as pessoas e os processos da empresa. Mas como?

A SOLUÇÃO: ABRACE SUA NATUREZA

Nem todos os empreendedores visionários ficam frustrados. Muitos conseguem um crescimento significativo, sentem-se no controle, têm lucros invejáveis e empregam pessoas que funcionam como equipe. Em vez de se preocuparem com problemas intermináveis causados por pequenas distrações, tão comuns em muitas empresas, eles lideram negócios bem orientados, coerentes e saudáveis. Se você se identificou como visionário, saiba que também poderá obter tudo que deseja do seu empreendimento. Se estiver disposto a fazer o que for preciso, há esperança.

Por ser um visionário, você deve delegar a função de implementar suas ideias, pois só assim poderá aproveitar seus verdadeiros talentos. Isso permitirá direcionar sua energia e sua criatividade para expandir a empresa, proteger suas ideias, impressionar seus clientes, implementar seus projetos e permanecer à frente de todos, sobretudo da concorrência.

Seis anos após ter assumido o controle dos negócios da família, o visionário Mike Uckele, da Uckele Health and Nutrition (UHN), decidiu contratar um integrador. Enquanto desempenhava os dois papéis, ele dobrou o tamanho da empresa. Sabia que não era bom nos detalhes da execução, mas ainda não tinha estatura financeira para contratar um executivo. Depois que nomeou Del Collins como integrador, a UHN passou a crescer 20% ao ano até chegar a um faturamento anual de 23 milhões de dólares e a 108 colaboradores. Mike avalia que os resultados são muito gratificantes: "Não preciso mais me preocupar com a conclusão de tudo. Passo mais tempo com a família e os amigos, e me concentro exclusivamente no crescimento do negócio." Ele diz que seu papel é "facilitar ideias criativas e construir relacionamentos".

Um antigo provérbio descreve isso com muita precisão: "Projeto sem execução é só alucinação." Em outras palavras, você precisa de alguém para ajudá-lo a executar seu projeto. Só a ideia não basta: é preciso implementá-la para que tenha valor. A escolha é sua.

Dezenas de milhares de visionários estiveram onde você está agora. Alguns fracassaram, mas muitos passaram para o próximo nível. Só que não fizeram isso sozinhos. Portanto, você terá que decidir. Está disposto a delegar e progredir?

Ray Kroc, do McDonald's, não teria conseguido sem Fred Turner. Henry Ford, da Ford, precisou de James Couzens. Joel Pearlman, da imageOne, de Rob Dube. John Pollock, da Financial Gravity, nada teria feito sem Paul Boyd.

Agora você já enxerga o panorama como um visionário, com os poderes e as armadilhas que o aguardam. Todos esses visionários passaram pelo que você está vivendo agora e fizeram uma escolha. Como diz Randy Pruitt, visionário da Randall Industries, uma das maiores empresas de fabricação e distribuição de radiadores da América do Norte: "Se deseja expandir sua empresa, não poderá fazer isso sem um integrador. Em algum momento terá que aliviar o peso que carrega nas costas e encontrar alguém para compartilhá-lo com você."

O DNA DO VISIONÁRIO

Papéis típicos	• "Faísca" de novos empreendimentos • Inspirador • Despertador de paixões • Desenvolvedor de novas e grandes ideias/descobertas • Grande solucionador de problemas	• Gerador e mantenedor de grandes relacionamentos externos • Realizador de grandes negócios • Estudioso, pesquisador e descobridor • Criador e defensor da visão da empresa
Traços típicos	• É o fundador do empreendimento • Tem muitas ideias criativas • Pensa de modo estratégico • Enxerga sempre o panorama geral • Está familiarizado com a indústria e o mercado • Pesquisa e desenvolve novos produtos e serviços • Gerencia grandes relacionamentos externos (clientes, fornecedores, indústria)	• Envolve-se com clientes e colaboradores quando um visionário se faz necessário • Inspira as pessoas • Soluciona (grandes) problemas com criatividade • Cria a imagem da empresa e a protege • Fecha grandes negócios • Liga os pontos • Às vezes põe a mão na massa oferecendo o serviço e/ou fazendo o produto
Desafios típicos	• Incoerência • Desorientação organizacional, a "virada de cabeça" • Equipe disfuncional, falta de abertura e honestidade • Ausência de uma orientação clara / má comunicação • Relutância em delegar • Líderes e gestores despreparados • "Um gênio com mil ajudantes" • Precisa sentir-se necessário para os outros, o que alimenta seu ego e sua autoestima	• Olho maior do que a barriga: cem quilos em um saco de cinquenta quilos • Resistência a seguir processos padronizados • Entedia-se rápida e facilmente • Impaciência com detalhes • Amplificação da complexidade e do caos • TDA – transtorno de déficit de atenção (nem sempre) • Está sempre acelerado – e não tem freio • Está sempre "pilhado" e a maioria das pessoas considera impossível acompanhá-lo

Antes de discutirmos o papel do integrador, responda à avaliação abaixo para verificar se você é mesmo um visionário. Considere a possibilidade de que os líderes da sua equipe também respondam ao questionário.

AVALIAÇÃO DO VISIONÁRIO

Para cada afirmativa a seguir, classifique a si mesmo em uma escala de 1 a 5, em que 1 raramente o descreve e 5 quase sempre o descreve.

1	Gosto de abordar e resolver de forma criativa problemas grandes e complexos.	1	2	3	4	5
2	Tenho novas ideias o tempo todo.	1	2	3	4	5
3	Sou um grande líder. As pessoas tendem a me seguir.	1	2	3	4	5
4	Sou extremamente otimista em meus pontos de vista.	1	2	3	4	5
5	Meu olhar é naturalmente orientado para questões externas à empresa, o panorama geral ou o pensamento futurista.	1	2	3	4	5
6	Sou o criador e defensor da imagem da empresa.	1	2	3	4	5
7	Às vezes acho difícil traduzir minha visão de modo que os outros entendam. Parece que não me compreendem.	1	2	3	4	5
8	Sempre acabo tendo a ideia "certa" e sei disso. Ela pode surgir de um grande volume de ideias ou de um pequeno número delas, porém com grande apelo.	1	2	3	4	5
9	Não tenho paciência para colocar em funcionamento políticas operacionais, estruturas e sistemas de repetição.	1	2	3	4	5

10	Penso naturalmente no futuro do setor, em nossos produtos, em nossos serviços, no que está por vir e em como podemos posicionar melhor a empresa para aproveitar tudo isso.	1	2	3	4	5
11	Sou naturalmente perspicaz, tenho bom raciocínio dedutivo e sou extremamente inovador quando se trata de tornar as ideias melhores e mais abrangentes.	1	2	3	4	5
12	Não gosto de ser responsabilizado nem que me digam o que fazer. Acho desafiador definir responsabilidades na minha empresa.	1	2	3	4	5
13	Aceito e gosto do papel de agente de ideias grandes, novas e revolucionárias. Gosto de ser a faísca que dá origem a elas.	1	2	3	4	5
14	Aceito e gosto do papel de solucionador dos maiores problemas enfrentados pela empresa.	1	2	3	4	5
15	Aceito e gosto do papel de ser responsável por relacionamentos importantes e estratégicos (com vendedores, clientes, bancos e empresas de outros setores).	1	2	3	4	5
16	Aceito e gosto da atividade de vender e de fechar grandes negócios.	1	2	3	4	5
17	Tenho dificuldade com acompanhamentos. Perco o interesse em finalizar novas ideias. Não tenho paciência nem interesse em saber muitos detalhes. Gosto de quem vai direto ao ponto. Fico entediado e me distraio com muita facilidade.	1	2	3	4	5
18	Aceito e gosto do papel de ser a "faísca empreendedora", que proporciona paixão e inspiração.	1	2	3	4	5
19	Aceito e gosto de pesquisar e desenvolver novos produtos e serviços.	1	2	3	4	5

20	Aceito e gosto da responsabilidade de liderar o caminho de aprendizagem e descoberta que faz a organização progredir.	1	2	3	4	5

Some quantas vezes você assinalou cada resposta:

                                                          1(x)   2(x)   3(x)   4(x)   5(x)

TOTAL: Multiplique pelo número acima

Some todos os cinco números do TOTAL obtido anteriormente para descobrir sua **pontuação como visionário** (um resultado de 80 ou mais é considerado alto)

EXEMPLO:

                                                         1(2)   2(4)   3(7)   4(5)   5(2)

Multiplique os números de cada conjunto
(1X2=**2**) (2X4=**8**) (3X7=**21**) (4X5=**20**) (5X2=**10**)

Some os resultados obtidos
2+8+21+20+10 = **61**

Um total de **80** ou mais indica um grande visionário

CAPÍTULO 2

O INTEGRADOR

Onde seus talentos e as necessidades do mundo se cruzam, aí está sua vocação, ou seu propósito – parafraseando as ideias de Aristóteles em *Política*. É importante acreditar que os integradores realmente caminham sobre a Terra. Fazer a visão de outra pessoa acontecer é uma vocação ou um propósito muito nobre.

O papel e as aptidões de um integrador são qualidades únicas. Para uma organização, o integrador é a cola, o braço direito do visionário – pois bate o tambor e assegura que tudo funcione como um relógio suíço. Pode ser chamado de número 2, braço direito, presidente, chefe de operações, gerente-geral ou chefe de gabinete. Quem é o integrador na sua organização? Você mesmo?

Vamos esclarecer a função do integrador e o valor que agregará à empresa. Toda organização deve ter alguém atuando nessa função para levá-la ao próximo nível. Vamos analisar a vida de um integrador.

SUA CONTRIBUIÇÃO PARA UMA EMPRESA

Um integrador é uma pessoa que possui a Capacidade Singular® de integrar harmoniosamente as principais funções do negócio, administrar a organização e gerenciar as questões do dia a dia.

Ele é a liga que une as pessoas, os processos, os sistemas, as prioridades e a estratégia da empresa. Usamos o termo "integrador" para descrever a função com mais precisão do que outras designações comuns, como presidente, diretor de operações, gerente-geral ou chefe de gabinete.

As características a seguir são típicas do integrador. Nenhum integrador tem 100% delas. Uma pessoa com 80% ou mais muito provavelmente é um integrador.

Gestão do dia a dia. Ao contrário dos visionários, os integradores costumam ser muito bons liderando, gerenciando e atribuindo responsabilidades a pessoas. Eles adoram administrar o cotidiano do negócio. Gostam de ser responsáveis por perdas e lucros, assim como pela execução do plano de negócios. Também removem obstáculos ao trabalho das pessoas. Operam em níveis mais complexos que seus equivalentes visionários: diante de uma iniciativa importante, o integrador prevê as implicações que envolverão toda a organização. Os visionários em geral subestimam esses efeitos cascata – isso quando são capazes de enxergá-los.

Larry G. Linne, com o coautor Ken Koller, descreve a importância de um integrador no livro *Make the Noise Go Away: The Power of an Effective Second In Command* (Remova o ruído: O poder de um braço direito eficaz). Essa fábula empresarial fala de um proprietário (visionário) que fundou um empreendimento porque desejava a liberdade de ser dono, mas acabou virando escravo do negócio. A contratação de um braço direito finalmente o liberou para alcançar a liberdade buscada. O livro classifica os detalhes rotineiros que podem aprisionar um visionário como "ruído". Um braço direito eficaz (integrador) pode pôr fim ao ruído.

Quando Keith Walters se uniu a Ron Johnsey na Axiometrics, uma empresa de análise de dados com 28 colaboradores, o mundo deles mudou literalmente. Veterano em seu ofício, Ron conseguia antever o futuro como poucos, capacidade que permitiu à Axiometrics desenvolver soluções – que se tornaram líderes de mercado – para diversos assuntos ligados a imóveis comerciais multifamiliares. Mas, à medida que a empresa crescia, Ron tinha cada vez menos tempo para resolver os problemas cotidianos. Estava mergulhado no objetivo-fim da organização. Precisava reagir a seus diversos desdobramentos com muito mais frequência do que antes.

Assim que Keith se tornou o integrador, um enorme fardo saiu dos ombros de Ron. Keith resolvia rapidamente questões operacionais que consumiriam horas do tempo do fundador do negócio. Era muito mais talhado para esses assuntos do que Ron. Parecia até gostar deles! Ron ficou encantado por se livrar daquilo, junto com toda a confusão que provocava.

Em meio a essa tranquilidade recém-descoberta, Ron reacendeu sua paixão pela busca do futuro. As ideias brotaram de novo e, em pouco tempo, algumas, extraordinárias, tornaram-se iniciativas práticas. A disciplina de Keith permitiu que a energia criativa de Ron alcançasse um novo patamar, originando um poderoso plano estratégico – com ações deliberadas e responsabilidades definidas para manter o plano avançando consistentemente. Ron e Keith atuam em suas respectivas áreas ideais. Como resultado, a empresa apresenta níveis recordes de realizações e brilha no mercado.

Força constante. Integradores são obcecados pela clareza organizacional. O que é ótimo para garantir a comunicação dentro da empresa.

Também não deixam problemas para trás e pressionam pela resolução. Quando há divergências na equipe, demonstram ser excelentes juízes. Sabem mobilizar todo mundo para a execução do plano de negócios. Ótimos em gerenciar grandes projetos organizacionais, os integradores são mestres em acompanhar o andamento. Sentem-se à vontade quando é preciso definir prioridades e alinhar a equipe, mantendo todos focados e gerando resultados. Sabem criar foco organizacional e responsabilidade coletiva.

Os integradores têm uma habilidade única para executar uma visão. Proporcionam ritmo e coerência aos colaboradores e os ajudam a se manterem no rumo certo. Pense na batida consistente de um tambor em uma embarcação antiga ou no timoneiro de um barco de competição gritando "remem... remem... remem" – enunciados que influenciam a velocidade, a sincronia e a coordenação. E permitem que todos se unam em torno de um mesmo objetivo. Um integrador é uma força constante para a organização.

Uma pessoa com esse perfil integra com harmonia as principais áreas do negócio (como vendas, marketing, operações e financeiro). Quando essas áreas andam bem e há pessoas capazes responsáveis por elas, surge uma tensão saudável. O integrador converte esse atrito em mais energia para a empresa. Ao mesmo tempo, isso cria a unidade que se traduz em uma equipe de liderança equilibrada e funcional.

Os integradores geram lucidez organizacional, permitindo que o braço direito saiba o que o esquerdo está fazendo – e mantendo ambos em sincronia. Eles têm o dom de "colocar todos na mesma página", como costumamos dizer. A melhor maneira de descrever isso é imaginar as pessoas em sua organização como setas. Pense na direção que estão apontando com base na interpretação de valores, prioridades, questões-chave – o que for mais importante para a empresa. Quando o time não está antenado com esses itens, as setas apontarão para direções diferentes, algumas para cima, outras para baixo, para a direita ou para a esquerda. Ou seja, sua organização se encontra literalmente paralisada, ou se move tão lentamente que, para a concretização de objetivos, será preciso contar com força bruta.

Agora imagine todas as setas apontando na mesma direção. Isso significa que os objetivos e valores da equipe toda estão alinhados. Sua organização, portanto, avança livremente e sem esforço. O integrador tem a proveitosa capacidade de dirigir um grupo de pessoas na mesma direção.

Ellyn Davidson, integradora e sócia-gerente da Brogan & Partners, uma agência de comunicação e marketing com quarenta colaboradores, descreve essa incrível capacidade assim: "Como integradora, lidero o time de gestão. Meu trabalho principal é manter a equipe focada em alcançar nossos objetivos, entregar um produto de qualidade, manter nossos clientes satisfeitos e aumentar nossos conhecimentos. Nosso produto só é competitivo graças à motivação, ao esforço coletivo e à garra da Brogan & Partners. Por isso me concentro em garantir que todos vivamos e respiremos nossos valores fundamentais. Trabalho muito para assegurar que nossa equipe se sinta apreciada e tenha muito orgulho do que faz. Precisamos desenvolver continuamente novas formas de resolver problemas e garantir que essas soluções sejam comunicadas e executadas na organização como um todo."

Voz da razão. O integrador também filtra ideias do visionário, o que ajuda a eliminar obstáculos, tropeços e barreiras para a equipe de liderança.

Encontramos uma ótima dupla de pai e filha formando uma combinação V/I na Complete Pharmacy Care, onde Leonard Lynskey é o visionário e Amy Guinan é a integradora. O fluxo interminável de novas ideias de Leonard estava começando a se tornar um problema na organização até que Amy assumiu a função de integradora. Ela filtra o gênio criativo de Leonard de modo a ajudá-lo a se concentrar em suas melhores ideias. Leonard se sente livre. Amy gosta de dirigir o ônibus. Juntos, eles estão gerando um crescimento sem precedentes para a empresa.

A combinação familiar V/I mais famosa – de irmãos – é a de Walt e Roy Disney, do império Disney. Milhões de pessoas conhecem o incrível visionário Walt Disney, mas poucas ouviram falar de Roy, e ele gostava disso, apesar de ser cofundador e sócio da organização. Walt era descrito como o homem criativo; Roy era o cara que mantinha o negócio estável. Em *Building a Company: Roy O. Disney and the Creation of an Entertainment Empire* (Construindo uma empresa: Roy O. Disney e a criação de um império do entretenimento), o autor, Bob Thomas, menciona uma frase atribuída a Walt: "Se não fosse por meu irmão mais velho, juro que teria sido preso várias vezes por cheques sem fundos. Nunca soube quanto havia no banco. Roy me mantinha no caminho certo."

Thomas explica: "Muito antes de produzir seu primeiro desenho animado, Walt procurou Roy em busca de conselhos e apoio. Como sócios nos negócios, Walt era o sonhador inventivo; Roy, o mago financeiro." Segundo descrições, Roy era tímido diante das câmeras e rejeitava a fama decorrente de ser irmão de Walt. Mas, não fosse por Roy, será que a Disney, apenas uma das muitas empresas de animação da época, teria se tornado um império?

Se o que acabou de ler descreve alguém que você conhece, essa pessoa é um integrador. Caso tenha pensado "Este sou eu", você é um integrador – e é importante saber que ocupa um lugar único e muito valioso no mundo.

O QUE FAZ O INTEGRADOR

Em síntese, um grande integrador gera resultados nítidos em uma organização. Onde você os encontrar, haverá um integrador:

- Clareza
- Boa comunicação
- Resolução
- Foco
- Compromisso
- Equipe unida
- Projetos bem gerenciados
- Acompanhamento
- Solução de conflitos de modo a manter a operação azeitada
- Ausência de obstáculos ou barreiras
- Priorização
- Execução
- Força/ritmo/coerência constantes
- A "cola" que mantém tudo unido
- Velocidade, sincronia e coordenação ("remem, remem")
- Resultados de P&L alcançados
- Plano de negócios executado
- Equipe de liderança harmoniosamente integrada
- Gestão eficiente e comprometimento por parte da equipe de liderança
- Sistema operacional da empresa rodando bem
- Todas as setas apontadas na mesma direção
- Aproveitamento de ideias visionárias
- Tarefas do dia a dia executadas sem problemas

O DNA DO INTEGRADOR

Nossa experiência revela um padrão muito nítido de características e competências positivas comuns a um integrador:

- Comprometimento pessoal
- Adepto da autogestão
- Determinado
- Bom em planejamento e organização
- Líder e gestor forte
- Gestor de conflitos eficaz
- Catalisador para a coesão da equipe
- Cumpridor de metas
- Pensador conceitual
- Desenvolvedor/treinador de colaboradores
- Resiliente
- Adaptável
- Capaz de entender e avaliar os outros
- Antecipador
- Solucionador de problemas
- Persuasivo
- Aprende o tempo todo

OS DESAFIOS DO INTEGRADOR: O QUE ELE NÃO É

Como integrador, a esta altura você pode estar orgulhoso, mas saiba que dons especiais trazem desafios especiais. Veja os desafios que um integrador enfrenta, juntamente com as desvantagens de ter esse perfil.

Falta de aplausos. Os integradores são heróis desconhecidos. Não há muita teoria escrita sobre eles, e precisam aceitar isso.

Muitos livros e artigos foram publicados sobre visionários, mas poucos sobre integradores.

Um grande exemplo de herói desconhecido é Fred Turner, do McDonald's. A maioria das pessoas já ouviu falar de Ray Kroc, o visionário que colocou a rede de hambúrgueres no mapa, e muito se escreveu sobre ele. Mas pouco foi escrito sobre Fred Turner. Ele foi contratado como cozinheiro da primeira franquia de Ray. Três anos depois, era seu braço direito. Fred é descrito como fanático pela coerência na execução do projeto da franquia. Escreveu a "bíblia", como o manual de treinamento da franquia era chamado. Foi o criador do "Hamburger U", o programa de treinamento que hoje, merecidamente, leva seu nome: Fred L. Turner Training Center. Tornou-se gerente de operações em 1958, quando a franquia tinha 34 restaurantes. Ao se aposentar, em 2004, a empresa havia expandido sua rede para 31.500 unidades – mas pouca gente sabia o que ele fazia.

Fama de pessimista. Os integradores costumam ser considerados pessoas que veem "o copo meio vazio" – acusação que geralmente parte do próprio visionário com quem atuam. Um bom integrador é sempre capaz de descobrir falhas em ideias, oportunidades e possíveis soluções. Como resultado, pode parecer pessimista ou negativo.

Muitas vezes alguém precisa assumir o ônus de dizer "não". Deve tomar decisões difíceis quando a equipe está dividida em uma questão importante. Filtra as numerosas ideias do visionário. Precisa convencê-lo de que determinada ideia foge do foco central da empresa ou de que o momento não é adequado.

Porta-voz de más notícias. São os integradores que dão as notícias ruins aos colaboradores e fazem o trabalho sujo. Muitas vezes tomam a difícil decisão de demitir um funcionário antigo, rebaixar alguém que não consegue acompanhar o ritmo de trabalho ou ter uma última conversa com alguém problemático. Não é de estranhar que frequentemente não sejam pessoas queridas.

Curtis Burstein, integrador da Etkin Equities, descreve essa parte não muito agradável do trabalho: "Quando há um problema e alguém não se encaixa no ritmo da equipe, tenho que tomar a difícil decisão de abrir mão dessa pessoa."

O papel de malvado pode desgastar o integrador e torná-lo insensível ou mesmo mau. Às vezes, de tão envolvido com a rotina da empresa, ele começa a perder de vista o panorama geral e o lado humano da operação. Pode se sentir desvalorizado e deixar de valorizar seu pessoal. Como não recebe agradecimentos, deixa de agradecer aos outros.

O fato de lidar costumeiramente com atritos afeta sua energia e pode deixá-lo frustrado e tenso. Nesse estado de espírito, já não toma decisões com eficiência. As pessoas percebem que ele está frustrado e isso afeta a cultura da empresa. Estas são algumas situações que o integrador vivencia:

- É comum o visionário acusar seu integrador de ser lento, uma vez que ele vive tentando equilibrar a velocidade que o visionário deseja imprimir a novas iniciativas com os recursos disponíveis para executá-las. Como Del Collins, da Uckele Health and Nutrition, define: "Um de meus maiores desafios é me mover na velocidade da ideia. Uma ideia pode ser antevista muito antes de se realizar. Sou desafiado a equilibrar o tempo entre a ideia e a realidade para satisfazer a ambas."
- O trabalho do integrador pode ser totalmente solitário. Sua posição não permite muitos tapinhas nas costas, conversas no café ou amizades. Em geral, quanto melhor ele faz seu trabalho, menos é notado. Nas palavras de um integrador: "É um trabalho relativamente ingrato. Não me interpretem mal; sei que sou apreciado. Mas muitas atividades são feitas nos bas-

tidores e ninguém percebe. Às vezes sinto que só eu sei que estou controlando tudo. Pode ser muito solitário."
- O integrador vê o que precisa ser feito e quer que tudo aconteça logo. Deseja ordenar o caos. Muita gente conta com ele, e dói imaginar que possa decepcionar essas pessoas. Pensamentos assim às vezes se misturam e o convencem a racionalizar algumas expectativas irreais sobre si mesmo. Muita demanda. Cedo demais. Muito rápido. O integrador espera muito de si próprio – às vezes demais. Quando não consegue dar conta de tudo, se culpa.

O DNA INTEGRADOR: DESAFIOS TÍPICOS

Conheça a seguir as características do integrador que, por nossa experiência, podem ser interpretadas como negativas e pessimistas. Elas revelam as desvantagens do papel e a necessidade de atuar em parceria com um visionário.

- Executa um trabalho que pode ser ingrato
- Ouve acusações de pessimismo
- Pode ser considerado negativo
- Sente solidão
- Vivencia atrito e tensão constantes
- Frustra-se ao equilibrar tantas questões
- É tido como o "malvado", por dar más notícias
- Faz o trabalho sujo (demitir pessoas, por exemplo)
- Não é reconhecido
- Tem que dizer "não" muitas vezes
- É acusado de lentidão
- Estabelece um padrão de expectativas irreais para si mesmo

O QUE ESTÁ ATRAPALHANDO?

Esperamos ter deixado bem claro o papel do integrador e seu valor. Reflita sobre isto: qual seria a diferença entre onde você está e onde poderia estar? Geralmente há três cenários quando um integrador não está funcionando plenamente em seu papel:

1. **Ineficiência.** As linhas de responsabilidade se cruzam e o relacionamento não é tão produtivo como deveria.

Os três sócios fundadores de uma empresa de serviços de saúde com 45 colaboradores e faturamento de 8 milhões de dólares um dia definiram qual deles tinha a Capacidade Singular® para assumir o papel de integrador. Isso representou uma grande mudança no processo decisório que sempre tinham utilizado.

Como proprietários, cada um se sentia no direito ou na obrigação de avaliar quase todas as decisões tomadas. Do ponto de vista deles, isso funcionava muito bem. No entanto, o restante da empresa tinha uma visão diferente. Os colaboradores se sentiam confusos com relação ao planejamento, sem saber com quem deveriam buscar aprovações, e hesitavam em levantar questões que poderiam ser polêmicas.

Uma preocupação adicional foi a descoberta de que membros da equipe estavam agindo do mesmo modo que nossos filhos costumam fazer. Se alguém não gostava da resposta que recebia de um sócio, fazia a pergunta a outro. Isso acarretou idas e voltas, desperdício de energia e uma boa dose de atritos.

Definir o papel do integrador foi um grande passo para simplificar as responsabilidades e a comunicação. Com uma pessoa responsável, a organização ficou muito mais ágil. A clareza leva os colaboradores a confiar mais na direção da empresa. E os sócios fundadores agora estão se dando melhor do que nunca. Um deles disse: "Finalmente deixamos para trás aquele monstro de três cabeças!"

2. **Falta de consciência.** Você pode ter um integrador em sua empresa, mas ainda não sabe disso. Alguém na sua equipe pode ter o conjunto de aptidões necessárias para ser um integrador. Mas você anda tão ocupado fazendo o negócio acontecer que ainda não percebeu.

Quando Matt Rossetti descobriu que era um visionário, o passo seguinte foi encontrar um par integrador perfeito. Felizmente, não precisou procurar muito, pois essa pessoa estava bem debaixo de seu nariz. Dave Richards, um chefe de setor, trabalhava na organização havia mais de 30 anos. Quando a função de integrador foi descrita para a equipe de liderança, todos disseram: "Dave, é você." Matt relutou um pouco em admitir que não poderia comandar todo o show, mas pouco tempo depois ambos perceberam que eram a combinação perfeita de V/I.

3. **Ausência do perfil.** Você não tem um integrador em sua organização. Então precisará encontrar um.

John Pollock, um visionário clássico, rapidamente percebeu o valor de um integrador. Estimulado por empresários amigos que haviam implantado a função com sucesso, ficou ansioso para fazer o mesmo, mas percebeu que não tinha nenhum na equipe. Em busca de possíveis candidatos, recorreu a sua extensa rede de contatos. Em pouco tempo se reconectou com Paul Boyd, que conhecera no início da carreira e se encaixava no perfil. Paul assumiu a função e logo restaurou a ordem em várias áreas da empresa. John deu a Paul o espaço para usar seu dom. Como tem um fluxo interminável de energia, passou a direcionar sua atenção apenas para as atividades visionárias que mais ama – e que somente ele poderia proporcionar à empresa. Surgiram assim novos serviços e conteúdos poderosos para o marketing, além de várias medidas inovadoras.

A SOLUÇÃO V+I: JUNTANDO AS DUAS PEÇAS

Nosso integrador é capaz, mas incompleto sem um complemento visionário. Como um biscoito Oreo sem o recheio de creme. E agora?

Se você é um visionário forçado a desempenhar o papel de integrador por não ter ninguém para liberá-lo, o primeiro passo é buscar alguém na organização. Se não encontrar, procure fora. (Falaremos sobre isso no Capítulo 6). Enquanto espera, terá que desempenhar a função de integrador da melhor maneira possível. Um cliente visionário fez uma brincadeira sobre preencher temporariamente a vaga de integrador: "Se eu tiver que fazer isso, vou me sentir mais um *desintegrador*." Embora a observação tenha sido engraçada, ele estava sendo sincero. Pelo menos sabia com clareza o que um integrador poderia fazer pela organização.

Quando sócios compartilham a gestão do negócio, muitas vezes um é integrador e o outro é visionário. Mas, se ambos administram, isso geralmente causa confusão tanto para os dois quanto para os colaboradores. Se separarem as tarefas, gerarão mais clareza e alcançarão seus objetivos mais rapidamente.

Até aqui descrevemos como um visionário e um integrador funcionam em uma organização. Nos próximos capítulos trataremos de como maximizar esse poderoso relacionamento.

O DNA DO INTEGRADOR

Funções típicas	• Clareza • Boa comunicação • Resolução • Foco • Compromisso • Unidade da equipe • Projetos bem gerenciados • Acompanhamento • Solução de conflitos de modo a manter a operação azeitada • Ausência de obstáculos ou barreiras • Priorização • Execução • Força/cadência/coerência constantes • A "cola" que mantém tudo unido	• Velocidade, sincronia e coordenação ("remem, remem") • Resultados de P&L alcançados • Plano de negócios executado • Equipe de liderança harmoniosamente integrada • Liderança, gestão e comprometimento para a equipe de liderança • Sistema operacional da empresa sendo seguido por todos • Todas as setas apontadas na mesma direção • Aproveitamento de ideias visionárias • Tarefas do dia a dia executadas sem problemas
Traços típicos	• Comprometimento pessoal • Adepto da autogestão • Determinado • Bom em planejamento e organização • Líder e gestor forte • Gestor de conflitos eficaz • Catalisador para a coesão da equipe • Cumpridor de metas • Pensador conceitual	• Desenvolvedor/treinador de colaboradores • Resiliente • Adaptável • Capaz de entender e avaliar os outros • Antecipador • Solucionador de problemas • Persuasivo • Aprende o tempo todo
Desafios típicos	• Executa um trabalho que pode ser ingrato • Ouve acusações de pessimismo • Pode ser considerado negativo • Sente solidão • Vivencia atrito e tensão constantes • Frustra-se ao equilibrar tantas questões	• É tido como o "malvado", por dar más notícias • Faz o trabalho sujo (demitir pessoas, por exemplo) • Não é reconhecido • Tem que dizer "não" muitas vezes • É acusado de lentidão • Estabelece um padrão de expectativas irreais para si mesmo

Faça a Avaliação do Integrador a seguir para saber se você tem esse perfil. Peça a pessoas que o conhecem bem para responder às mesmas perguntas com o objetivo de saber como elas veem suas aptidões. Se você for um visionário, use esse questionário para analisar seus candidatos a integrador. A avaliação também está disponível em www.rocketfuelnow.com, em inglês.

AVALIAÇÃO DO INTEGRADOR

Para cada afirmativa a seguir, classifique a si mesmo em uma escala de 1 a 5, em que 1 raramente o descreve e 5 quase sempre o descreve.

1	Sou especialista em identificar e articular rapidamente problemas, gargalos, desconexões, bloqueios e barreiras.	1	2	3	4	5
2	Sou ótimo em formular planos para transformar ideias em realidade.	1	2	3	4	5
3	Sou um grande gestor de pessoas.	1	2	3	4	5
4	Sou acusado de ser muito pessimista.	1	2	3	4	5
5	Meu olhar é naturalmente orientado para as questões internas da empresa e para colocar a casa em ordem.	1	2	3	4	5
6	Sou bom em (e adoro fazer isso) pegar uma imagem da empresa e transformá-la em algo real.	1	2	3	4	5
7	Sou muito bom em traduzir a visão de alguém em algo que outros possam entender; abraçar essa visão; e executá-la com fundamentos sólidos.	1	2	3	4	5
8	Sou ótimo em escolher as maiores prioridades para a organização.	1	2	3	4	5

9	Reconheço a necessidade de haver políticas operacionais, estruturas e consistência para tornar a visão uma realidade. Sou capaz de definir regras para pôr tudo no lugar – sem gerar atrasos e melhorando a eficiência.	1	2	3	4	5
10	Penso naturalmente no presente, no que precisa acontecer no momento e em como manter tudo sob controle para concretizar a visão futura.	1	2	3	4	5
11	Sou naturalmente analítico, tenho raciocínio dedutivo e muita habilidade na implementação de soluções.	1	2	3	4	5
12	Sinto-me à vontade para assumir responsabilidades e cobrar o mesmo de outras pessoas. Vejo valor em criar uma infraestrutura para que todos na organização assumam suas responsabilidades e faço isso com naturalidade.	1	2	3	4	5
13	Aceito e gosto do papel de executar e entregar resultados de P&L.	1	2	3	4	5
14	Aceito e aprecio a função de apoiar a equipe de líderes da empresa com minha liderança, gestão e meu comprometimento.	1	2	3	4	5
15	Aceito e gosto do papel de integrar efetivamente todas as principais funções da organização.	1	2	3	4	5
16	Aceito e gosto de resolver efetivamente questões multifuncionais de maneira integrada e harmoniosa.	1	2	3	4	5
17	Aceito e gosto da função de garantir o cumprimento dos processos centrais da organização e do sistema operacional.	1	2	3	4	5
18	Aceito e aprecio a função de garantir que a organização esteja alinhada com seus valores fundamentais.	1	2	3	4	5
19	Adoro dirigir o dia a dia do negócio e tenho muito orgulho de "garantir que funcione como um relógio suíço".	1	2	3	4	5

20	Aceito e gosto da função de assegurar que a comunicação esteja efetivamente fluindo dentro da organização.	1	2	3	4	5

Some quantas vezes você assinalou cada resposta:

1(x) 2 (x) 3 (x) 4 (x) 5 (x)

TOTAL: Multiplique pelo número acima

Some todos os cinco números do TOTAL obtido anteriormente para descobrir sua **pontuação como integrador** (um resultado de 80 ou mais é considerado alto)

EXEMPLO:

1(2) 2(4) 3(7) 4(5) 5(2)

Multiplicar os números de cada conjunto
(1X2=**2**) (2X4=**8**) (3X7=**21**) (4X5=**20**) (5X2=**10**)

Somar os resultados obtidos
2+8+21+20+10 = **61**

Um total de **80** ou mais indica um grande integrador.

CAPÍTULO 3

O RELACIONAMENTO

O *yin* encontra o *yang*.

O antigo conceito chinês de *yin* e *yang* descreve como duas forças aparentemente opostas são, na verdade, interconectadas e interdependentes – potencializando-se mutuamente à medida que interagem. São forças complementares, opostas e iguais, que se unem para formar um sistema dinâmico em que o todo é maior do que as partes. Ambas estão sempre presentes, embora uma possa surgir com mais força em determinado momento.

Uma estaria condenada sem a outra, assim como a humanidade não poderia sobreviver apenas com homens ou apenas com mulheres. Juntas, as forças criam – a interação dá à luz. Elas transformam uma à outra por complementação. Uma corda com dois fios torcidos é muito mais forte do que apenas um fio com o dobro da força.

O visionário e o integrador andam juntos da mesma forma. É a combinação perfeita que impulsiona as empresas à grandeza.

A Ernst & Young, multinacional de serviços profissionais de auditoria, promove uma competição chamada Visionário do Ano. David Kohl, diretor da Roach Howard Smith & Barton, de Dallas, participa ativamente do processo de indicação. Nessa função, interage com diversos líderes empresariais em um amplo espectro de setores. Em nossa conversa, fez uma observação muito interessante sobre as 65 empresas estudadas para uma premiação recente. Segundo ele, todas tinham o que chamou de "uma dupla de líderes", aos quais atribuiu em grande parte seu sucesso. Após conhecer os termos visionário e integrador, ele concordou que essa interação parecia oferecer uma explicação lógica para o desempenho superior das organizações analisadas.

O INÍCIO DOS RELACIONAMENTOS V/I

Em geral, os relacionamentos de visionários e integradores surgem de um dos quatro caminhos abaixo:

1. **Ambos são cofundadores.** Nesse tipo de parceria, dois indivíduos criam uma empresa e, na maioria das vezes, um dos sócios é o visionário e o outro, o integrador. Essa dinâmica natural – junto com muito trabalho, sangue, suor e lágrimas – conduz a empresa a patamares superiores.

   Um exemplo de duas pessoas que cofundaram uma empresa e a levaram ao sucesso é o de Keith Meadows e John Glover, que há dez anos abriram a RepWorx, uma bem-sucedida empresa de serviços para o setor de alimentos. A startup teve um crescimento rápido desde o primeiro dia – beneficiando-se do fato de que Keith é um visionário tradicional e John, um típico integrador.

2. **Ambos são sócios.** Nas situações em que uma empresa tem mais de dois sócios – seja por ter sido fundada por mais de duas pessoas, seja porque outros sócios entraram posteriormente (em fusões, aquisições ou chegada de novos investidores, por exemplo) – é importante entender que apenas dois deles podem compor a dupla V/I. No Capítulo 4 explicaremos melhor essa composição e como colocá-la em prática.

Mas Scott Bade e James Leneschmidt, cofundadores da ImageSoft, têm um terceiro sócio e cofundador: Steve Glisky, que lidera a área de governança. Steve fica feliz que seus dois sócios assumam as funções de visionário e integrador, enquanto ele opera com a própria Capacidade Singular®. Faz aquilo de que gosta, deixa seus sócios cuidarem do que lhes agrada e todos compartilham os lucros. Isso também elimina qualquer confusão organizacional gerada por vários sócios circulando e dando ordens. Todos na empresa conhecem o papel e a responsabilidade de cada um deles.

3. **Um membro da equipe se torna integrador.** Rossetti, o escritório de arquitetura mencionado anteriormente, é um negócio familiar que está na segunda geração. Dez anos depois de assumir o comando, Matt Rossetti percebeu que precisava encontrar um integrador. Felizmente, seu processo de busca foi muito simples. Dave Richards, um integrador nato, já era membro da equipe de liderança. Desde sua promoção a integrador, há três anos, a Rossetti teve um crescimento rápido e desenvolveu uma cultura incrivelmente forte.

4. **O integrador vem de fora.** Quando não há um integrador natural entre os fundadores ou sócios, nem nenhum candidato dentro da organização, o integrador precisa vir do mercado.

Randy Pruitt, da Randall Industries, aumentou as vendas do seu negócio de 200 mil dólares para 8,5 milhões de dólares, mantendo-se no comando o tempo todo. A certa altura, previu um crescimento de 40% para o ano seguinte. Sabia que precisaria aumentar a equipe, mas não exatamente como. Felizmente conheceu David Bitel por meio de um parceiro em comum. David, que já tinha trabalhado como integrador em uma empresa, explicou a Randy como essa posição fornece os meios para que um visionário atinja suas metas de crescimento. Com David a seu lado como integrador, o visionário Randy dobrou o tamanho da empresa em cinco anos.

CASAMENTO PERFEITO

Nos Estados Unidos, uma gíria do golfe diz que, quando dois parceiros jogam bem juntos, "combinam como presunto e ovos". Quando um deles dá uma tacada ruim, o outro dá uma boa. Assim eles cobrem um ao outro. Isso é exatamente o que ocorre com uma ótima dupla V/I: combinam como presunto e ovos!

Não há como negar que existe uma química real quando dá certo. O resultado é uma poderosa expansão de força. Quando essa força está devidamente direcionada, é capaz de colocar a empresa em órbita.

Em seu livro *Comece pelo porquê: como grandes líderes inspiram pessoas e equipes a agir*, Simon Sinek valida o poderoso impacto da combinação V/I nos negócios. Ele descreve os dois papéis como pessoas PORQUÊ e pessoas COMO. O visionário é do tipo PORQUÊ e o integrador é do tipo COMO. Explica: "Para cada grande líder, cada tipo PORQUÊ, existe um inspirado tipo COMO... que pode pegar uma ideia intangível e construir a infraestrutura que lhe dará vida. Essa infraestrutura é o que realmente torna possível qualquer mudança ou sucesso mensurável." Prossegue: "Em todos os casos de um grande líder carismático que conseguiu algo significativo, sempre havia nas sombras uma pessoa ou um pequeno grupo que soube COMO transformar a ideia em realidade."

Sinek explica um pouco mais: "Os tipos PORQUÊ são os visionários, aqueles com imaginação hiperativa. Tendem a ser otimistas e acreditam que todas as suas ideias podem ser realizadas.

Os tipos COMO vivem mais no aqui e agora. São os realistas, têm um senso mais claro dos aspectos práticos. Os tipos PORQUÊ estão focados no que a maioria das pessoas não vê, como o futuro. Os tipos COMO concentram-se no que a maioria pode ver e tendem a ser melhores na construção de estruturas e processos, bem como na realização de tarefas. Um não é melhor do que o outro, apenas enxergam o mundo de modo diferente."

O autor afirma ainda que os tipos COMO têm um ego forte para admitir que não são visionários. No entanto, são inspirados pelas ideias do líder visionário e sabem dar vida a elas. Acrescenta: "Os melhores tipos COMO, em geral, não querem estar na linha de frente... preferem trabalhar nos bastidores... para transformar as ideias em realidade." Ele continua dizendo que "é preciso uma combinação do talento e do esforço de ambos para atingir grandes resultados". No livro, ele cita as combinações históricas de Bill Gates e Paul Allen na Microsoft, de Herb Kelleher e Rollin King na Southwest Airlines, e de Steve Jobs e Steve Wozniak na Apple.

"As pessoas PORQUÊ, apesar de toda a sua visão e imaginação, muitas vezes ficam a ver navios. Sem alguém inspirado por suas ideias e conhecimento capaz de torná-las realidade, muitos tipos PORQUÊ acabam como visionários famintos, indivíduos com todas as respostas, mas que nunca realizam muito sozinhos", escreve Sinek.

Um dos empresários mais famosos da história americana, John D. Rockefeller, conhecia muito bem essa verdade. Embora hoje esteja quase esquecido, ele formou uma dupla V/I de grande sucesso com Henry Flagler. Rockefeller trabalhava como corretor de grãos quando conheceu Flagler, corretor da Harkness Grain Company. Em 1867, Rockefeller deixou o negócio de grãos e abriu uma refinaria de petróleo. Em busca de capital para a expansão do empreendimento, procurou Flagler e lhe ofereceu sociedade em troca de 100 mil dólares, obtidos com o primo da mulher de Flagler, Stephen Harkness, um dos homens mais ricos de Ohio. A parceria se tornaria a Standard Oil Company.

Rockefeller proporcionou a centelha que deu início ao negócio. Flagler, um grande integrador, criou um sistema de descontos para fortalecer sua posição diante dos concorrentes e dos transportadores. Esses descontos colocaram a Standard Oil em condições de competir com outras refinarias de petróleo e, em 1872, quase todas as empresas de refino de Cleveland já tinham se fundido com a Standard Oil; em 1880, a empresa controlava o refino de 90% do petróleo produzido nos Estados Unidos. De acordo com Edwin Lefevre em "Flagler and Florida" (Flagler e a Flórida), um artigo publicado na *Everybody's Magazine* em 1910: "Quando perguntaram a John D. Rockefeller se a Standard Oil Company era fruto de seu pensamento, ele respondeu: 'Não, senhor. Eu gostaria de ter cérebro para pensar nisso. A ideia foi de Henry M. Flagler.'"

Em décadas de trabalho conjunto, Rockefeller e Flagler construíram o maior império da indústria do petróleo que os Estados Unidos já viram.

COMPARAÇÃO DE V/I

Visionários	Integradores
Resolvem problemas grandes e complexos	Identificam e articulam os problemas
Têm vinte ideias novas por semana	Transformam as melhores ideias em realidade
São grandes líderes	São grandes gestores
São otimistas	São realistas
São "pessoas de fora"	São "pessoas de dentro"
Criam o projeto	Executam o projeto

Uma equipe V/I com indivíduos extremamente contrastantes é a de Michael Morse e John Nachazel, do bem-sucedido escritório de advocacia de Mike Morse, que cresceu 50% ao ano nos últimos sete anos. Michael contratou John há cinco anos. Um visionário puro em todos os sentidos, Michael é a cara do escritório, uma verdadeira celebridade no mercado, tem ideias sensacionais, uma noção incrível da cultura da empresa e inspira o time. John não poderia ser mais diferente. Prefere ficar nos bastidores. É ótimo executando as ideias de Michael. Adora números – previsões, orçamentos e planejamentos financeiros – e domina cada aspecto da empresa. É a cola que mantém coeso o escritório de advocacia, que já conta com mais de cem colaboradores.

Michael e John são opostos. As responsabilidades e paixões de John são "analisar dados, identificar e explicar os principais geradores de receita e de custos, gerenciar pessoas para resolver problemas, impulsionar o aperfeiçoamento constante, equilibrar a carga de trabalho, ensinar os gestores a se basearem em números e liberar o visionário para permanecer em sua área ideal". Ao ouvir a lista de funções de John, Michael fez uma expressão de desgosto. Reconhece a necessidade dessas funções, mas está muito feliz por não caber a ele executá-las.

As paixões e responsabilidades de Michael são ter novas ideias de marketing e de crescimento, inspirar a equipe, assumir os casos mais importantes e impactantes, filmar comerciais e fazer seu programa de televisão.

A extrema diferença entre as aptidões desses dois indivíduos gera uma carga elétrica que continua impulsionando a empresa.

TENSÃO NO AR

Os perfis opostos de visionários e integradores significam que um está sempre deixando o outro louco. Normal, mas não é fácil. Imagine se as personalidades deles fossem exatamente iguais. O que o escritório ganharia? Apenas as mesmas aptidões em dose dupla. Tal como acontece com a eletricidade, é o grau de diferença (polaridade +/–) que gera a oportunidade de uma carga maior. A polaridade cria uma carga elétrica e, no caso de um negócio, energiza a tensão criativa. Quando aproveitada, promove um impacto maior. Ao avaliar qualquer problema, pessoas semelhantes farão perguntas semelhantes. Nossa dupla V/I polarizada provavelmente fará perguntas muito diferentes – porque eles veem o problema de pontos de vista diferentes. Linhas variadas de investigação levam a melhores resultados.

Como Simon Sinek articula em seu excelente livro *Líderes se servem por último: Como construir equipes seguras e confiantes*: "Um único ponto de vista ou um poder único e incontestável raramente são bons. Como o visionário e o operador dentro de uma empresa, os democratas e os republicanos no Congresso, os soviéticos e o Tio Sam na geopolítica e até mesmo a mãe e o pai em casa, o peso de duas forças opostas, a tensão de empurrar e puxar mantém a estabilidade. É tudo uma questão de equilíbrio."

Vamos dar uma olhada na forte tensão entre os sócios fundadores V/I da ImageSoft, Scott Bade e James Leneschmidt. Sua empresa de software nasceu como startup e logo estava faturando 16 milhões de dólares. Após trabalharem juntos em empregos anteriores, eles deram o salto visionário. Durante o estágio inicial de crescimento da empresa, tiveram conflitos, em função de seus estilos bem diferentes. Passaram os primeiros anos codirigindo o negócio sem perceber que Scott era um visionário e James, um integrador. Com o tempo, começaram a valorizar suas diferenças e a entender melhor o valor de cada aptidão única para o sucesso do negócio e abraçaram seus papéis de visionário e integrador.

A empresa está prosperando.

A vontade de James de ter tudo no lugar antes de dar um salto ainda deixa Scott frustrado. A vontade de Scott de agir primeiro e lidar com as consequências depois enlouquece James. Mas ninguém pode contestar o tremendo sucesso deles em um setor muito competitivo. Só no ano passado, contrataram mais trinta colaboradores. A cultura implementada está mais forte que nunca e a equipe de liderança é sólida, responsável e altamente focada.

NADA É PARA SEMPRE

Como estamos demonstrando, não é fácil trabalhar com o polo oposto, mas a energia gerada pode ser poderosa. Você também poderá perceber que formar uma dupla dinâmica nem sempre funciona da primeira vez. O que fazer se a combinação fracassar? Simplesmente tente de novo.

Um fundador visionário teve dois integradores antes de encontrar o caminho certo. O primeiro foi um sócio fundador que nunca assumiu suas responsabilidades. Isso aborrecia o visionário, que se via obrigado a arcar com a maior parte do trabalho do integrador. Mas ele hesitava em promover uma mudança. Após quatro anos, não aguentou mais e tomou uma decisão. Comprou a parte do sócio integrador e terminou o relacionamento.

Em seguida, promoveu um colaborador de dentro da organização para ser o integrador. O arranjo também só durou quatro anos. Dessa vez, o próprio visionário foi o problema, pois nunca deu ao novo integrador autonomia para executar seu trabalho. Isso ocorreu sobretudo porque a pessoa não era um verdadeiro integrador, o que os impediu de estabelecer o nível de confiança necessário. Portanto, desde o início o relacionamento estava fadado ao fracasso. Mais uma vez o visionário arcava com a maior parte das funções.

Finalmente encontrou o *yin* perfeito para seu *yang*. O novo integrador não apenas complementou seu estilo único como foi forte o suficiente para enfrentá-lo. Os dois já se conheciam havia muitos anos, porque eram do mesmo setor. Há quatro anos somaram forças e a empresa começou a crescer 40% anualmente. Agora o visionário dedica a maior parte do tempo à criação de produtos, às pesquisas de mercado, à cultura da empresa e ao desenvolvimento de pontos de venda.

Devemos observar, porém, que mesmo uma ótima combinação V/I pode não durar para sempre. Ela segue um ciclo – que reflete tanto o crescimento do negócio quanto o das duas pessoas envolvidas. À medida que a empresa precisa mais de uma liderança visionária, a necessidade do visionário de contar com um integrador também cresce. Os dois podem se adaptar às suas funções ao longo da evolução do negócio. Ou não.

Uma das grandes (embora pouco conhecida) duplas V/I foi a de Henry Ford e James Couzens, na Ford Motor Company. Em 1903, Couzens cofundou e investiu no novo empreendimento; em 1906 tornou-se tesoureiro e gerente-geral. Já havia demonstrado ser um grande integrador dirigindo a Malcomson Coal, cujo proprietário, Alexander Malcomson, foi um dos primeiros investidores na Ford Motor Company. Ford e Couzens se conheceram assim. A química foi perfeita.

Os dois formavam uma clássica dupla V/I. Henry Ford, como é amplamente sabido, foi um visionário inovador. Democratizou o automóvel, pois fazia questão de reduzir o custo dos veículos para torná-los acessíveis a muita gente. Embora Ford seja mais conhecido por aperfeiçoar a linha de montagem, também era obcecado pela produção perfeita e pela boa manutenção. Isso obrigou todas as concessionárias a ter um departamento de serviço.

Couzens exibia as características clássicas de um integrador. Eis uma descrição dele no livro *Ford: o homem que transformou o consumo e inventou a Era Moderna*, de Richard Snow: "Ele geralmente chegava ao escritório, na fábrica da Mack Avenue, às sete da manhã e ficava até as onze da noite. Tudo que Ford não costumava fazer, ele fazia. Cuidava da contabilidade, é claro, vistoriava a fábrica e escrevia textos publicitários joviais e sedutores. Foi a força por trás da criação da rede de concessionárias. Era fanático por detalhes." O livro de Snow descreve também como Couzens aplicava com rigor a regra de que todo revendedor deveria ter 20 mil dólares em peças de reposição para atender à determinação da empresa de consertar qualquer carro Ford, independentemente de onde tivesse sido comprado. Além disso, estabeleceu que pelo menos um novo modelo, imaculado, estivesse em exibição o tempo todo para atrair compradores em potencial. Também sugeriu enfaticamente que, se um Ford enguiçado tivesse que ser levado à oficina, o reboque deveria ser feito após o anoitecer, para não chamar atenção para a situação do carro. Além disso, algo que pouco se comenta é que foi Couzens, não Ford, quem aumentou o salário mínimo dos colaboradores para cinco dólares por dia, algo sem precedentes, o dobro da média da indústria na época. Essa generosidade com a força de trabalho teve enorme impacto no sucesso da empresa logo no início.

Em uma ótima declaração, citada no livro de Snow, um descendente da família Ford confirma o poder daquela dupla V/I: "Ford sozinho não conseguiria administrar nem uma pequena mercearia, e Couzens não conseguiria montar nem um carrinho de brinquedo. Mas, juntos, construíram uma organização que surpreendeu o mundo." Essa ideia é repetida em outra observação: "Couzens... entendia tudo sobre o negócio de carros, exceto como um carro funcionava."

Infelizmente, esse casamento estremeceu em 1915, quando Couzens deixou o cargo de gerente-geral, e terminou em 1919, quando a Ford comprou todas as suas ações por 29 milhões de dólares. Eles não concordavam mais em nada e a tensão ganhou proporções incontroláveis.

Um quebra-cabeça de duas peças. Imagine um quebra-cabeça de duas peças que se encaixam perfeitamente por uma borda. Se o formato da borda de uma das peças mudar, a outra não caberá mais – a menos que também mude. Caso o integrador ou o visionário possa se estender mais em algumas áreas e recuar em outras, talvez se encaixe no novo formato de seu complemento. Tais adaptações ocorrem muito naturalmente, ou podem não acontecer.

O visionário e o integrador são nosso quebra-cabeça de duas peças, e o encaixe é determinado pelo nível de complementariedade de certas características compartilhadas. É importante entender que o formato das peças está sempre mudando. Às vezes o ajuste é quase perfeito; às vezes, não. É comum que seja parcial. Pense no relacionamento de 12 anos entre James Couzens e Henry Ford, e no relacionamento de sete anos entre Bill Gates e Paul Allen, na Microsoft. O encaixe foi se modificando ao longo do tempo e, consequentemente, o relacionamento terminou.

Temos outro exemplo de um visionário e um integrador que se separaram. Cinco anos após a inauguração da empresa, o fundador visionário contratou um integrador que já havia trabalhado para ele em outra organização. No início, o relacionamento foi perfeito, com o negócio de logística faturando 4 milhões de dólares. A dupla apresentou ótimo desempenho ao longo de sete anos, e mais que dobrou o resultado. Nesse período, o integrador também se tornou sócio.

Infelizmente, o negócio também superou as habilidades do integrador. O mercado mudou muito, a concorrência aumentou e o relacionamento se tornou problemático nos últimos anos. Como cada um deles achava que o outro não estava cumprindo sua parte do trato, o visionário comprou as ações do integrador pelo valor de mercado. O novo integrador está mais preparado para lidar com a nova dinâmica do mercado e, sinceramente, é capaz de dar broncas no visionário para se manter 100% comprometido com as ideias do próprio visionário. A empresa, agora, cresce de forma estável.

O ESPECTRO VISIONÁRIO

É importante saber que nem todos os visionários são iguais. Nem toda empresa precisa de um Steve Jobs. Nem todo visionário é um Walt Disney ou um Thomas Edison. Na verdade, a liderança de cada empresa ocupa um lugar ao longo do que chamamos de Espectro Visionário. Ele avalia em que medida o visionário é necessário em determinada organização. Essa classificação muda com base em três fatores: (1) tipo de atividade, (2) aspirações de crescimento dos líderes e (3) grau de mudança/complexidade que a empresa enfrenta.

Vamos analisar um fator de cada vez:

1. **Tipo de atividade.** No setor de alta tecnologia, uma empresa precisa de um visionário para trabalhar obsessivamente a cada minuto de cada dia – pois tudo muda muito rápido. Um novo produto pode ficar obsoleto em alguns meses. No outro extremo do espectro, uma administradora de imóveis que na década de 1990 tinha como clientes prédios de apartamentos passou um bom período sem precisar de muita inovação visionária. Algumas empresas do setor na época foram extremamente inovadoras, é claro, mas muitas não precisaram ser.

2. **Aspirações de crescimento.** Não importa qual seja o setor, as empresas têm trajetórias de crescimento diferentes. Uma que pretenda crescer apenas 5% ao ano precisará de muito menos inovação visionária do que outra que busque 100%.

3. **Nível de mudança/Complexidade do mercado.** Dependendo do setor e do período de tempo, algumas organizações passam por grandes mudanças e enfrentam muita concorrência – outras não. Uma empresa que precise viver em estado de alerta exigirá um líder muito mais visionário do que as que operam em mercados estagnados ou abaixo do radar dos concorrentes e do governo. As mudanças e a complexidade poderão vir de várias frentes: tecnologia, pressão de preços, concorrência,

mercados de trabalho, dinâmica regulatória ou ambiental, e assim por diante.

Ao olhar para esses três fatores – tipo de atividade, taxa de crescimento desejada e nível de complexidade do mercado –, você descobrirá onde sua empresa está no Espectro Visionário. Se todos os fatores exigirem atenção, talvez você precise de um visionário da estirpe de Steve Jobs. Se tudo estiver caminhando bem, Mr. Magoo pode servir. (Para nossos leitores mais jovens: Mr. Magoo – personagem de desenhos animados exibidos no Brasil nas décadas de 1960, 1970 e 1980 – tinha pouca visão).

Com base no tipo e na importância do visionário, você poderá avaliar a necessidade de contar com algum tipo de integrador complementar. Walt Disney, um dos maiores visionários de todos os tempos, precisava de um integrador muito forte – como Roy. No entanto, se um visionário não tem enxurradas de novas ideias, gerir o negócio é uma tarefa menos complicada.

Por esses motivos, não existem duas combinações V/I iguais. Dito de outra forma, nem todo visionário é para qualquer integrador, e vice-versa. A mesma medida não serve para todos, assim como as duas peças de um quebra-cabeça nem sempre se encaixam. Quando isso acontece, funciona. Alguns integradores têm características visionárias que podem complementar os pontos fracos de um visionário. Alguns visionários têm traços de integrador que podem complementar os pontos fracos de um integrador.

Uma ótima combinação V/I bem-sucedida das décadas de 1950 e 1960 é a de Soichiro Honda e Takeo Fujisawa, da Honda Motor Company. Honda exibia todos os sinais clássicos de um visionário brilhante, e numerosas histórias sobre assumir riscos e inovar foram contadas sobre ele. Era um personagem instável, que supostamente apareceu embriagado durante uma apresentação crucial para banqueiros e agrediu um operário com uma chave inglesa.

Honda fundou a empresa em 1948 para suprir a necessidade de transporte prático no Japão do pós-guerra. Antes, em 1946, tinha comprado 500 geradores para rádios (excedentes de guerra) e os adaptou para uso em bicicletas. Quando ficou sem motores, começou a desenvolver e produzir a própria versão. Em 1949, ainda batalhando no primeiro ano do negócio, ele se associou a Fujisawa, em outro casamento perfeito. Fujisawa trouxe disciplina para a empresa, além de recursos, experiência financeira e conhecimentos de marketing. Ao longo de 25 anos de relacionamento eles passaram a dominar o mercado mundial de motocicletas. Em 1974, a produção disparou e chegou a 2.132.902 unidades, montadas por 18.455 colaboradores.

O relacionamento entre ambos exibiu uma típica dinâmica V/I. Um projeto inovador da Honda, por exemplo, dobrou a potência gerada pelos já competitivos motores de quatro tempos. Como o combustível era escasso e caro, Fujisawa pressionou Honda para criar um motor econômico de quatro tempos. Honda decidiu apostar tudo na ideia, e esse foi o divisor de águas na história da empresa, que permitiu novos investimentos. No início da década de 1950 havia no Japão cerca de 200 outros fabricantes de motocicletas – que logo caíram no esquecimento. Honda também perseguiu uma "coisa brilhante" (termo nosso para a ideia de um visionário que não se encaixa no foco central da empresa) que valeu a pena ao se lançar nas corridas internacionais de motociclismo. Graças a essa aventura, a Honda inventou motores mais potentes e motos mais leves, que acabaram passando à frente da concorrência no mercado.

Fujisawa era um bom integrador. Conteve a paixão de Honda pelas corridas, destacando a necessidade mais "trivial" de capitalizar as inovações introduzidas nas competições e aplicá-las ao mercado. Também continuou reforçando e fortalecendo as operações, levantando fundos para investir em recursos de fabricação. Isso permitiu à empresa reduzir a dependência de fornecedores e estabelecer sua própria rede de distribuição, o que fez dela uma indústria de grande porte.

Por meio dos muitos exemplos deste capítulo, esperamos que você tenha compreendido o valor dessa dupla dinâmica. Mas a triste verdade é que, para a maioria das empresas, ela não é tão dinâmica, e sim, disfuncional. Além disso, muitos visionários não dispõem de um integrador e muitos integradores não encontram o visionário certo.

VOCÊ ESTÁ PREPARADO?

Se você é um visionário sem um integrador, como pode saber quando está pronto para ter um? Quatro fatores impulsionam essa disponibilidade.

Os quatro fatores de disponibilidade
1. Disponibilidade financeira
2. Disponibilidade psicológica (estar preparado para abrir mão de algum controle)
3. Disponibilidade no estilo de vida (estar preparado para trabalhar menos horas, ou as mesmas horas, mas com foco diferente e menos frustração)
4. Disponibilidade para a Capacidade Singular® (preparado para ser 100% você)

Embora não apareçam em nenhuma ordem específica, esses fatores podem evoluir lentamente ao longo do tempo até atingirem um "ponto de inflexão". Às vezes a mudança pode estar ligada a um ou mais gatilhos, externos ou internos. Esses gatilhos parecem impactar simultaneamente um ou mais fatores de disponibilidade, acelerando o cronograma até chegar ao ponto de inflexão. Os gatilhos mais comuns são:

- Mudanças na trajetória de crescimento
- Autoconsciência
- Frustração por atingir o teto da complexidade
- Encontro do integrador "certo"
- Maior complexidade nas condições do mercado
- Diversos eventos da vida: filhos, perdas, casamento, etc.
- Redução da energia ou da vontade de manter o ritmo

Caso você esteja preparado, a segunda parte deste livro fornecerá as instruções essenciais para alavancar um relacionamento V/I saudável. Nos próximos quatro capítulos apresentaremos tudo que é preciso para visionários e integradores se encontrarem, definirem seus papéis e trabalharem juntos de maneira altamente produtiva. Portanto, mãos à obra.

PARTE 2
COMO FAZER

CAPÍTULO 4

O DIAGRAMA DE RESPONSABILIDADES

Até aqui, foi a parte fácil: ajudar você a ver como o relacionamento V/I pode ser potente. Passaremos agora para a parte que requer um pouco mais de esforço: tornar o relacionamento produtivo.

Como você já deve saber, fortalecer qualquer relacionamento exige dedicação. Por isso, vamos resumir a administração de seu relacionamento a algumas instruções práticas. Embora sejam simples, nem sempre são fáceis. No entanto, se você se comprometer a aplicá-las, terá um ótimo retorno sobre o tempo investido.

A primeira é muito importante e será o foco deste capítulo: o Diagrama de Responsabilidades. Esse diagrama o ajudará a criar um contexto tanto para seu relacionamento V/I quanto para a organização como um todo. Quando colocado em prática, vai à raiz da maioria dos problemas no relacionamento V/I. Portanto, é o ponto perfeito para começarmos.

Como disse Buckminster Fuller: "Se você quer ensinar às pessoas uma nova forma de pensar, basta dar a elas uma ferramenta cujo uso as levará a esse resultado."

Veja seu papel como visionário ou integrador de acordo com

sua posição no Diagrama de Responsabilidades. No início, parecerá algo rígido e restritivo, mas você acabará percebendo que não é. Toda liberdade decorre do estabelecimento de limites. Com um suporte estrutural, poderá liberar sua criatividade e obter resultados excepcionais. Já ensinamos milhares de visionários e integradores a usar essa ferramenta, e sua eficiência é indiscutível.

O DIAGRAMA DE RESPONSABILIDADES

Para levar seus relacionamentos e sua empresa ao próximo nível, você precisará estruturar a organização *corretamente*, e o Diagrama de Responsabilidades pode criar uma estrutura *correta*. Trata-se de um organograma amplo. Quando concluído, auxiliará tanto os proprietários quanto os integrantes da equipe de liderança (principalmente o visionário e o integrador) a entender claramente seus papéis e suas responsabilidades. Isso, por sua vez, permitirá que eles façam o mesmo por suas equipes.

A primeira pergunta – essencial – é a seguinte: qual é a estrutura certa (mais simples e melhor) para levar sua organização ao próximo nível? Qual é a estrutura que vai levá-lo aonde você quer chegar?

O Diagrama de Responsabilidades obriga você a ver sua organização de um modo diferente, pois é intencionalmente proativo com relação à sua estrutura em vez de adaptá-la aos colaboradores atuais. Analisando o panorama sob essa luz, você poderá resolver os problemas que o perturbam.

Para que essa ferramenta tenha impacto em sua empresa e em seus relacionamentos, será preciso seguir algumas regras básicas:

1. Olhe para a frente. Não olhe para trás nem fique preso ao presente. Isso distorcerá seu julgamento. Concentre-se naquilo de que você precisa, não no que já tem. Faça de conta que está começando do zero.

2. Desapegue-se do negócio existente, de sua função atual, de seu ego e de qualquer pensamento emocionalmente pesado. Mantenha sua mente aberta.

3. Olhe o negócio do alto, para dessa perspectiva tomar decisões que beneficiem a empresa a longo prazo.

Adotadas essas três regras básicas, o Diagrama de Responsabilidades se baseará na crença fundamental de que existem apenas três funções principais em qualquer negócio. Elas estão presentes em todas as organizações, independentemente de serem empresas recém-criadas ou grandes corporações.

Para ilustrá-las, imagine três caixas lado a lado. Na da esquerda está a primeira função principal: Vendas e Marketing. Na do meio fica a segunda: Operações. Na caixa da direita, a terceira: Financeiro e Administração. Você pode dar nomes diferentes, mas essas são as três funções principais de qualquer empresa. Vendas e Marketing gera negócios. Operações oferece os serviços ou fabrica os produtos e cuida dos clientes. O setor Financeiro e de Administração gerencia os fluxos de entrada e saída de dinheiro, assim como a infraestrutura.

VENDAS/MKT	OPERAÇÕES	FINANCEIRO/ADMIN

Presumindo que essas três funções principais existam em todas as organizações, a verdade seguinte é que todas devem ser fortes. Se qualquer uma delas for fraca, sua organização não será tão eficaz. A palavra *forte* significa que cada função é respeitada e compreendida na organização, com um líder talentoso administrando-a como uma máquina bem azeitada. Além disso, você precisa acreditar que as três funções são igualmente importantes.

É essencial que haja apenas um responsável por qualquer função importante dentro da organização – e isso deve estar claro para todos. Uma pessoa supervisionará Vendas e Marketing, uma executará Operações e outra fará a gestão administrativo-financeira. Se mais de uma pessoa é responsável, ninguém é.

Quando as equipes de liderança fazem esse exercício pela primeira vez, geralmente descobrem que há dois (ou até três) nomes em uma única caixa (função). Se for o caso da sua empresa, você terá descoberto uma das causas da estagnação – ou do estado de caos – do negócio. A solução é deixar apenas um nome em cada caixa. A abordagem um por todos e todos por um não construirá uma organização sólida. Pode até ter conduzido você até o ponto atual, mas só uma responsabilização clara o levará ao próximo nível.

Para a estrutura dar um passo à frente, essas três funções não podem operar de modo estanque. É aí que o integrador entra em cena, como a pessoa que integra harmoniosamente as principais funções do negócio. Quando elas são fortes e cada uma conta com um responsável forte, haverá uma tensão saudável. O integrador transformará essa fricção em mais energia para a empresa. Observe que quem chefia as principais funções se reporta ao integrador. Portanto, a função integradora é adicionada acima das demais no Diagrama de Responsabilidades.

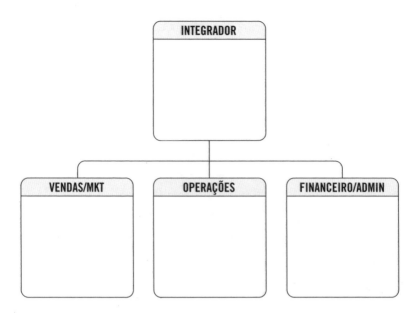

Aí está a estrutura básica do Diagrama de Responsabilidades. Com esse entendimento, há duas outras considerações importantes para criar a estrutura certa para a sua organização.

Não existem dois Diagramas de Responsabilidades iguais

Em primeiro lugar, saiba que os Diagramas de Responsabilidades de duas empresas não são iguais. Você deverá personalizar o seu para atender às necessidades, ao tamanho, à trajetória de crescimento, ao tipo e à orientação de sua empresa, criando a estrutura *certa* para avançar até o próximo nível. Ao personalizar o Diagrama de Responsabilidades, as três principais funções podem se subdividir em outras. Vendas e Marketing, por exemplo, pode se dividir em uma função de Vendas e outra de Marketing. Operações às vezes se divide em duas ou três funções, como Entrega, Gestão de Projetos e Atendimento ao Cliente. A função administrativo-financeira pode se dividir em até quatro setores:

Financeiro, Administração, Tecnologia da Informação (TI) e Recursos Humanos (RH).

Dependendo do tamanho e do momento de sua organização, haverá de três a sete funções principais nessa linha de frente. Mantendo o foco na primeira questão essencial – decidir qual é a estrutura *certa* para levar sua organização adiante –, o número correto aparecerá. Mas cuidado: lembre-se de que menos é mais. Líderes têm a obrigação de simplificar sua organização sempre que possível. Raramente nossos clientes ultrapassam as sete funções principais. Como a hipotética empresa abaixo: Marketing, Vendas, Operações, Atendimento ao Cliente, TI, RH e Financeiro.

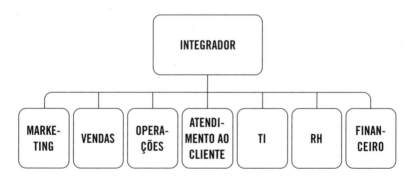

O visionário

O elemento final de sua estrutura é a função visionária. O visionário aparece logo acima da função integradora. Vale ressaltar que o integrador responde ao visionário. É vital ilustrar assim essa relação, pois isso aumenta a eficiência da empresa e resolve muitos problemas organizacionais.

Para simplificar, vamos avançar com uma empresa hipotética em que há três funções principais: vendas/marketing, operações e administrativo-financeiro.

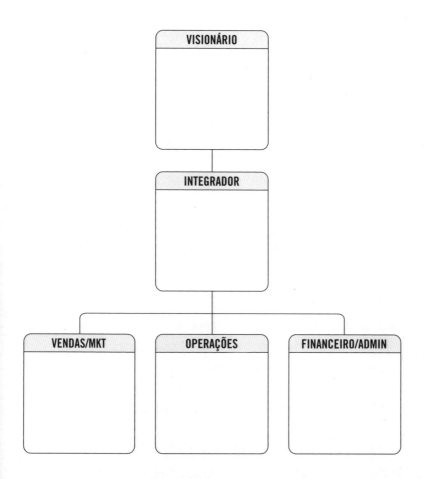

OS CINCO PAPÉIS PRINCIPAIS

O Diagrama de Responsabilidades é mais do que um organograma porque, uma vez que as funções principais estejam claras, será preciso definir os cinco papéis principais de cada função.

Os cinco papéis principais da função visionária são sempre personalizados de acordo com quem a ocupa. O visionário, junto com a equipe, deverá estabelecer esses papéis centrais com base em como poderá agregar o máximo de valor todos os dias. Isso pode ser desafiador, pois é possível que os membros da equipe relutem em fazer sugestões ao proprietário da empresa.

A título de exemplo, veja os cinco papéis mais comuns que o visionário pode ter:

- Novas ideias/P&D (pesquisa e desenvolvimento)
- Resolução criativa de problemas
- Principais relacionamentos externos
- Cultura
- Grandes vendas

As cinco funções mais comuns do integrador poderão ser as seguintes:

- Liderança, gestão, responsabilização (LGR)
- Execução do Plano de Negócios / Resultados de P&L
- Integração das principais funções
- Resolução de problemas multifatoriais
- Comunicação em toda a organização

Estabelecer os cinco papéis centrais para as outras funções costuma ser simples. O Diagrama de Responsabilidades a seguir mostra os exemplos mais comuns para cada função principal.

VISIONÁRIO

- Novas ideias / P&D (pesquisa e desenvolvimento)
- Solução criativa de problemas
- Principais relacionamentos externos
- Cultura
- Grandes vendas

INTEGRADOR

- Liderança, gestão, responsabilização (LGR)
- Execução do Plano de Negócios / Resultados de P&L
- Integração das principais funções
- Resolução de problemas multifatoriais
- Comunicação em toda a organização

VENDAS/MKT

- LGR
- Meta de vendas / faturamento
- Vendas
- Marketing
- Processos de vendas e marketing

OPERAÇÕES

- LGR
- Atendimento ao cliente
- Gerenciamento de processos
- Fabricação do produto
- Prestação do serviço

FINANCEIRO/ADMIN

- LGR
- CR/CP (contas a receber / contas a pagar)
- Orçamento
- Relatórios
- RH/Administração
- TI
- Administração do escritório

A sigla LGR significa liderar, gerenciar e dar responsabilidades a pessoas. Qualquer indivíduo inserido no Diagrama de Responsabilidades que conte com subordinados também tem uma grande tarefa de LGR. As frases a seguir são respostas de pessoas que desempenham funções de visionário ou integrador em diversas empresas quando questionadas sobre o que fazem. Esperamos que isso o ajude a escolher os cinco papéis para sua função no Diagrama de Responsabilidades.

Como Visionário, eu...

- vejo elementos que não existem ou que ninguém viu antes.
- visualizo todos os cenários possíveis e identifico o resultado provável.
- fujo do padrão e vivo no plano "e se?".
- simplifico aspectos complicados extraindo só o que interessa e jogo o restante fora.
- conduzo o desenvolvimento estratégico dos negócios.
- abro portas e influencio as principais oportunidades de vendas.
- crio novos produtos e faço aprimoramentos.
- vejo as possibilidades futuras.
- avalio o panorama geral e o encaixe de todas as peças.
- sou a centelha e a energia para a cultura da empresa.
- defendo nossos valores fundamentais e nosso foco central.
- mantenho a mente aberta e ouço a equipe.
- estimulo outros a fugir do padrão.
- gero ideias.
- fico no alto do navio procurando icebergs.
- estabeleço a visão em comum e envolvo outras pessoas nela.
- sou a cara da organização.
- conduzo grandes negócios.

- inspiro outros colaboradores.
- crio projetos, direções e o quadro geral.
- garanto coerência e crescimento da marca.
- vejo e ligo os pontos.
- sou treinador e mentor.
- ofereço uma caixa de ressonância (zona segura) para o integrador trocar ideias e obter feedback honesto.

Como integrador, eu ...

- dou respostas aos líderes funcionais.
- funciono como um filtro.
- priorizo.
- oriento.
- mantenho a equipe focada em atingir nossos objetivos e concluir metas trimestrais.
- faço a equipe agir/executar.
- ajudo a resolver problemas de clientes e pessoas.
- retenho e cultivo grandes talentos.
- mantenho todos alinhados.
- converto uma visão em estratégia e estratégia em planos táticos.
- colaboro com o visionário em suas ideias.
- ofereço uma caixa de ressonância para o visionário.
- ajudo a determinar quando precisamos manter o foco e quando precisamos de novas iniciativas.
- cobro a equipe de liderança responsável por projetos, objetivos e metas trimestrais.
- treino a equipe.
- asseguro que a organização tenha a estrutura adequada, com as pessoas certas nos lugares certos.
- sou o "elemento de ligação".
- administro o dia a dia e integro as principais funções.

- executo o plano de negócios.
- torno a empresa lucrativa.
- desembaraço as questões para alcançar a linha de chegada.
- melhoro e maximizo a harmonização das principais funções.
- ajudo os demais a entender como se encaixam no todo.
- removo obstáculos e barreiras.
- crio sintonia entre os líderes/mantenho a paz.
- determino o ritmo.
- estruturo o caminho a ser seguido.
- banco o advogado do diabo para o visionário.

Ao montar seu Diagrama de Responsabilidades, crie primeiro apenas a estrutura e as funções corretas. Não coloque nenhum nome nas caixas. Após definir as funções corretas em todos os níveis da organização, acrescente os cinco papéis centrais de cada função – e só aí escreva o nome da pessoa responsável. Depois que a função e os papéis forem definidos, chamaremos cada caixa contendo uma função e seus cinco papéis principais de "assento" – com base na terminologia de Jim Collins de ter as "pessoas certas no ônibus, as pessoas erradas fora do ônibus e as pessoas certas nos assentos certos". Instalada a estrutura correta, colocaremos as pessoas certas nos lugares certos.

Quando escolher alguém para ocupar um cargo, tenha certeza de que essa pessoa usará o talento que Deus lhe deu. Ao terminar, o Diagrama de Responsabilidades deverá parecer um organograma, com marcadores que ilustram as responsabilidades de cada função principal e o nome da pessoa responsável. Veja a ilustração a seguir.

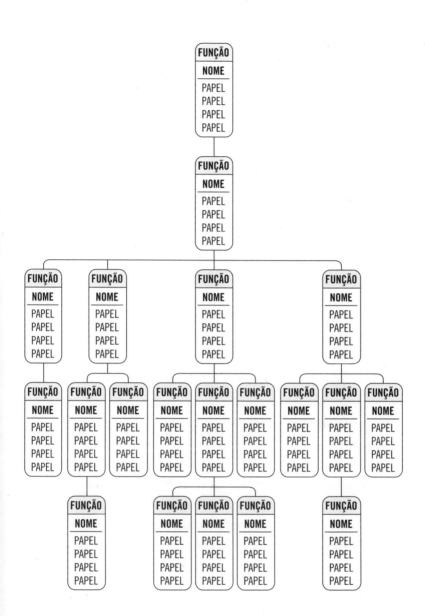

Observação importante: o Diagrama de Responsabilidades esclarecerá funções, papéis, estrutura hierárquica e quem é responsável, mas não definirá a estrutura de comunicação. A comunicação deve fluir livremente em todos os departamentos e linhas, onde for necessária, criando uma cultura aberta e honesta. Com a responsabilidade de cada cargo clara e a comunicação fluindo pela organização, você evitará problemas interdepartamentais. O Diagrama de Responsabilidades não poderá – de modo algum – criar feudos ou desarmonia.

SUA EQUIPE DE LIDERANÇA

Concluído o Diagrama de Responsabilidades, a equipe de liderança será formada pelo visionário, pelo integrador e pelas pessoas à frente das principais funções. Com a equipe definida, você terá representação e responsabilidade de todas as principais funções do negócio. A ilustração a seguir (com seis funções centrais) mostra sua equipe de liderança.

Como visionário, este Diagrama lhe dará a tranquilidade de saber que está plenamente conectado com a equipe de liderança e com todos os acontecimentos da empresa. No próximo capítulo, discutiremos cinco "regras" que ajudarão sua equipe a trabalhar de modo mais eficaz em conjunto. Discutiremos também como evitar os efeitos negativos de se intrometer, desautorizar ou cortar as asas de seus líderes.

Antes de sair do Diagrama de Responsabilidades, queremos relembrar que 80% das empresas com as quais trabalhamos são organizações privadas que faturam de 2 milhões a 50 milhões de dólares e têm de 10 a 250 colaboradores. Esse é nosso mercado-alvo. Fora dessa faixa, o Diagrama de Responsabilidades pode se tornar muito mais complexo.

SUA EQUIPE DE LIDERANÇA

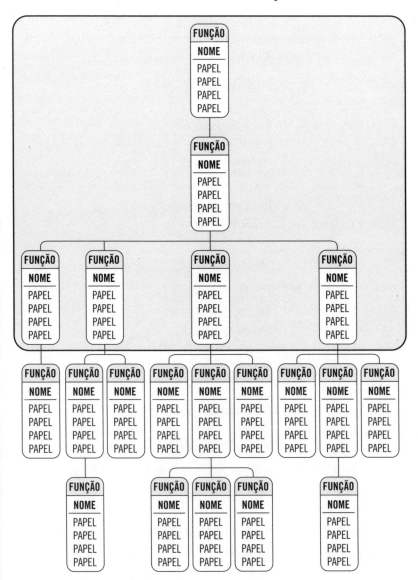

O QUEBRA-CABEÇA DE DUAS PEÇAS

Com seu Diagrama de Responsabilidades completo, voltaremos nosso foco para as funções da dupla V/I.

VISIONÁRIO
- Novas ideias / P&D
- Resolução criativa de problemas
- Principais relacionamentos externos
- Cultura
- Fechamento de grandes negócios

INTEGRADOR
- Liderança, gerenciamento, responsabilidade (LGR)
- Execução do plano de negócios / Resultados de P&L
- Integração de funções centrais
- Resolução de problemas multifatoriais
- Comunicação com toda a organização

Qualquer dupla V/I pode descobrir que ambos têm características em comum. Tudo bem. Na verdade, acontece bastante. Todas as pessoas exibem pontos fortes e fracos de um visionário em graus variados. Com o tempo, algumas podem superar em parte os pontos fracos, que deixam de ser tão relevantes.

Ao analisar uma lista de características de um integrador, um visionário poderá pensar: "Também sei fazer isso muito bem!" Embora possa ser verdade, sua natureza de visionário sempre será preponderante. Quando são honestos consigo mesmos, os visionários frequentemente admitem que, embora possam realizar determinada tarefa de um integrador, não gostam de fazer aquilo; pelo menos não todos os dias, sempre. São mais propensos a outras atividades, mais alinhadas com as características dos visionários. Quando isso acontecer, é importante esclarecer a diferença, definindo as funções corretamente no Diagrama de Responsabilidades. Por exemplo, a "cultura" pode sair das mãos de um visionário e passar para as de um integrador.

Sejam visionários ou integradores, a maioria dos indivíduos conta apenas com cerca de 80% das características clássicas descritas nos capítulos anteriores. A relação V/I se equilibra para preencher as lacunas dos 20% restantes. As melhores combinações reunirão uma forte representação das características mais necessárias para determinado negócio. Não existem duas combinações V/I exatamente iguais. Cada uma terá sua marca registrada, como duas cadeias únicas de DNA se unindo para formar a dupla hélice perfeita. Parece difícil? Apresentaremos um exemplo comprovado de correspondência mais adiante.

TÍTULOS SÃO DISPENSÁVEIS

Se dependesse de nós, eliminaríamos os cargos de CEO, presidente, COO ou gerente-geral. Acreditamos que há os papéis de visionário ou de integrador. Internamente, acabe com os títulos tradicionais. Eles só trazem confusão sobre comunicação e responsabilidades, ao mesmo tempo que contribuem para dinâmicas bastante perigosas. Se precisar exibir um cargo tradicional nos cartões de visita *externos*, para ajudá-lo a lidar de modo eficaz com clientes, fornecedores, acionistas e outros atores, tudo bem. Mas não confunda a sua organização internamente com títulos que não dizem nada aos colaboradores sobre o que você faz pela equipe e pela empresa.

PROBLEMAS COMUNS

Com o Diagrama de Responsabilidades montado, a maioria dos visionários e integradores enfrenta quatro problemas comuns que precisam ser expostos e resolvidos:

1. **Apegar-se ao cargo.** O visionário muitas vezes deseja manter um cargo ou papel específico na organização (mais comumente, no setor financeiro). Isso não é necessário. Com a pessoa certa nesse setor, ele pode relaxar – confiando a supervisão ao integrador. Além disso, ao formar uma verdadeira equipe de liderança, implementar o Diagrama de Responsabilidades e definir as Cinco Regras descritas no próximo capítulo, o visionário *terá* plena comunicação com o responsável pelo setor financeiro (e com o restante da equipe de liderança, por falar nisso). Todos podem conversar francamente. O importante é que o visionário não *gerencie* os outros líderes funcionais.

   O apego a áreas ocupadas anteriormente pode provocar relacionamentos informais, que são desnecessários, complicam e confundem. Como já mencionamos, a responsabilização é mais eficaz em um relacionamento simples, entre duas pessoas. É sua chance de eliminar as confusas relações informais! Lembre-se: todo mundo pode falar com todo mundo sobre qualquer assunto.

2. **Atuar em várias funções.** O segundo problema comum é querer atuar em várias frentes. Como já dissemos, apenas uma pessoa pode ocupar uma função importante. Isso não significa que alguém não possa ter duas funções. Nos estágios iniciais de uma empresa, visionários e integradores frequentemente desempenham vários papéis. O integrador costuma funcionar como líder de operações. Um visionário poderá atuar como líder de

vendas. Isso é bom, desde que duas condições sejam atendidas. Em primeiro lugar, a função deve ser compatível com a Capacidade Singular® – algo que ele queira fazer e para o qual tenha talento. Em segundo lugar, ele se reportará ao integrador nessa função específica. Na estrutura hierárquica usual, o integrador responde ao visionário. No entanto, se o visionário executa uma função importante (geralmente nas áreas de vendas ou marketing), ele deve se reportar ao integrador nessa função. Caso contrário, poderá exercer um poder que um típico líder de vendas não teria, com o efeito disfuncional de tolher o integrador.

3. **Desempenhar diversos papéis.** Se um visionário ou integrador tiver vários papéis, ele deverá pensar qual deles está desempenhando em cada momento. Vejamos um exemplo.

    Uma cliente visionária desempenhava três papéis. Era coproprietária e visionária de uma empresa de tecnologia que valia 2 milhões de dólares, além de líder de vendas e gestora da equipe de tecnologia. Andava exausta e sobrecarregada, mas dizia que não tinha dinheiro para contratar pessoas a quem transferir alguma das suas responsabilidades. Seu sócio era um grande integrador, mas também estava sobrecarregado.

    Por exercer tantas funções, ela andava atarantada. Em uma tentativa de descobrir como estava alocando seu tempo e ajudá-la a determinar para qual papel deveria fazer a primeira contratação, definimos três funções – com três títulos: visionária, vendas e tecnologia. Ela riu muito quando soube, mas esse passo trouxe coerência e a ajudou a ver a que estava se dedicando e a separar cada função em sua mente. Como resultado, conseguiu contratar um ótimo gestor para a equipe de tecnologia. Agora ocupa duas funções – tem capacidade para isso. A empresa cresceu 20% no ano passado.

    Quer você seja visionário ou integrador, o objetivo dessa

história é mostrar a importância de saber que papel está desempenhando quando atua em várias funções. Isso o ajudará a ser honesto consigo mesmo, a separar os mundos e, em última instância, a se liberar de tarefas para dedicar tempo e capacidade a operar em sua Capacidade Singular® e alcançar os objetivos da empresa.

4. **Agir como visionário e integrador.** É comum que inicialmente um empreendimento tenha apenas um visionário e nenhum integrador. A vaga de integrador fica vazia. Isso causa um grande problema, pois o visionário está sempre frustrado com a falta de tração. Isso acontece porque ele *precisa* atuar também como integrador a fim de preencher o vácuo que o puxa para a gestão do dia a dia. No início, trata-se de um sintoma natural do crescimento do negócio. Como empresário fundador, ele era o único disponível para a execução – que por sua vez era indispensável. À medida que o negócio cresce, a estrutura V/I combinada (e vazia) tende a permanecer, por vários motivos:

1. Simplesmente não ocorreu ao visionário que alguém pode ajudá-lo a administrar a empresa.
2. O visionário ainda não consegue ver retorno financeiro. Sua concepção dos resultados é confusa, mas os custos de ampliar a equipe são bem reais.
3. O visionário quer um integrador, mas não sabe nem por onde começar a buscá-lo.
4. O visionário entende a necessidade de um integrador (embora não admita isso para os outros), mas não quer contratar um. A ideia de abrir mão de parte do controle não lhe agrada.

Esses quatro motivos explicam por que, na metade dos casos em que começamos um relacionamento com uma empresa, encontramos um único assento V/I no topo do Diagrama de Responsabilidades – e ocupado por um visionário. Se ele quiser deixar de voar sozinho e decidir implantar uma dupla V/I, precisará estar preparado e disposto a permitir que um integrador com personalidade ocupe esse devido lugar. Só assim poderá assumir plenamente o papel de visionário na organização.

É vital que o visionário dê ao novo integrador espaço para operar – sem se intrometer. Um problema comum na chegada de um integrador é que o visionário ainda tenta ficar no comando. Os dois tropeçam um no outro tentando dirigir a empresa. No Diagrama de Responsabilidades, apenas uma pessoa pode ser responsável por uma função importante. Isso se aplica especialmente à de integrador. Como já observamos, quando há dois responsáveis, ninguém é realmente responsável, o que gera confusão e ineficácia.

PRECISA MESMO DOS DOIS?

A resposta curta é "não". Já dissemos que na metade das vezes descobrimos que as funções de visionário e de integrador são inicialmente desempenhadas pela mesma pessoa. Só que poucas vezes ela é, de fato, dotada da rara capacidade de exercer os dois papéis. Muita gente acha que tem essa capacidade – pelo menos por algum tempo. Mas na verdade não corresponde ao perfil incomum descrito a seguir.

Precisamos ter muito cuidado ao descrever esse perfil único. Nossa preocupação é que muitos visionários cheguem à conclusão de que são esse personagem e não procurem um relacionamento V/I produtivo. Isso não deve ser usado como desculpa para não agir.

Em nossa experiência, essa Capacidade Singular® combinada ocorre apenas em 5% das vezes. Um exemplo dessa rara combinação V/I é Todd Sachse, da Sachse Construction, que passou quase vinte anos interpretando os dois papéis muito bem. Sob sua gestão a empresa faturava cerca de 100 milhões de dólares. Todd poderia ter continuado atuando como visionário e integrador se não tivesse como objetivo aumentar o faturamento para 500 milhões de dólares. Reconheceu que não teria tempo para desempenhar bem as duas funções e que precisaria dividir para conquistar. Contratou um integrador.

Steve Barone, da Creative Breakthrough Inc. (CBI), uma bem-sucedida empresa de tecnologia, tem uma história semelhante. Durante mais de vinte anos ele desempenhou com muita habilidade os papéis de V/I. Se tivesse concluído que a empresa, de 10 milhões de dólares, manteria um crescimento controlado, poderia ter continuado assim. Mas decidiu que queria aproveitar as condições do mercado e multiplicá-la por vinte. Então planeja agora adicionar um integrador.

Nos dois casos é possível afirmar que a história se parece com a de muitos outros visionários que em algum momento contrataram integradores. Mas Todd e Steve administravam bem suas empresas. O trabalho deles teve um alto valor em ambas as funções – e eles poderiam ter continuado assim. Possuíam a maior parte das características das listas de V/I, quando quase todos os visionários têm poucas características de integrador.

Portanto, pedimos cautela ao avaliar a necessidade dos dois papéis. Se você for um daqueles raros visionários que possuem ambos os conjuntos de aptidões, analise com sinceridade se deseja permanecer desempenhando os papéis (combinados) no comando da organização, se tem tempo para isso e se vai dar certo. Seja honesto consigo mesmo, pois há 95% de chance de que você não seja essa pessoa rara. A maioria precisa de um *yin* para combinar com seu *yang* a fim de construir uma grande empresa.

Com o Diagrama de Responsabilidades bem montado, abordaremos as Cinco Regras para maximizar seu relacionamento V/I.

CAPÍTULO 5

AS CINCO REGRAS

O alinhamento absoluto no relacionamento V/I é fundamental para a empresa se beneficiar do poder dessa combinação única. Os dois estarem sempre próximos é fundamental, pois qualquer pequena distância parecerá um abismo para a equipe. Nosso cliente Jason Teshuba, da Mango Languages, revela estar em total sintonia com o integrador. Isso é possível quando o Diagrama de Responsabilidades e as Cinco Regras estão bem estabelecidos e são colocados em prática.

Jason comenta seu relacionamento V/I com a integradora Hamsa Daher: "É absolutamente essencial que estejamos sintonizados. Essa certeza me libera para deixar Hamsa responsável pelas operações comerciais do dia a dia. Se tiver a menor dúvida de que não estamos sintonizados, começarei a me intrometer e, inconscientemente, passarei para os colaboradores a impressão de que, se não gostarem de alguma decisão dela, podem falar comigo. O que provocará grandes problemas a longo prazo, já que Hamsa se sentirá impotente e eu, muito mais estressado." Ele prossegue: "Eu me preocupo com as questões macro e ela se concentra nas decisões práticas, do dia a dia. Hamsa se encaixa perfeitamente em nossos valores fundamentais. Então, sempre deixamos nossos valores arbitrarem qualquer disputa."

Se quiser explorar todo o poder que sua combinação única V/I pode oferecer, recomendamos as Cinco Regras a seguir. Como quem avisa amigo é, saiba que elas não são fáceis e exigirão grande disciplina. Mas, se conseguir estabelecer um relacionamento V/I bem-sucedido, as recompensas para você e sua empresa poderão ser surpreendentes.

AS CINCO REGRAS

1. Estar sempre em sintonia
2. Não fazer fofoca
3. Dar a última palavra ao integrador
4. Ser um colaborador quando trabalha "na" empresa
5. Manter o respeito mútuo

REGRA Nº 1: ESTAR SEMPRE EM SINTONIA

Uma regra vital que ensinamos há muitos anos é que o visionário e o integrador devem permanecer sintonizados. Isso se obtém com a Reunião de Sintonia. A dupla V/I – e, em última análise, a organização – se torna muito mais eficaz, pois isso elimina reuniões e interações disfuncionais e improdutivas da equipe de liderança decorrentes da "falta de sintonia" dos principais líderes. Se não houver sintonia, a dupla V/I deixará a equipe inquieta ou transmitirá mensagens confusas.

A Reunião de Sintonia é um encontro mensal apenas entre o visionário e o integrador, com duração de duas a quatro horas, sempre fora do escritório. Deve começar com uma "verificação" recíproca: Como você está? Qual seu estado de espírito? Que tipos de negócio e questão pessoal estão em sua mente? O relacionamento V/I é uma espécie de "casamento" dentro da empresa;

então, deve ser tratado como outros relacionamentos importantes. Após a checagem, ambos devem relacionar todos os problemas, preocupações, ideias e lacunas. De posse da lista completa, vem a etapa de identificar, discutir e solucionar (IDS) as questões (trata-se da Trilha de Resolução de Problemas, que discutiremos na Regra nº 3). É preciso garantir tempo suficiente para resolver todos os problemas da lista. Sugerimos esta agenda:

Agenda de Sintonia
- Checagem (Como você está? Estado de espírito? Assuntos pessoais e de negócios?)
- Lista de Problemas (levar para a reunião)
- IDS (identificar, discutir e solucionar problemas)

A Reunião de Sintonia é uma forma extremamente eficaz de ajudar a expor problemas, construir e fortalecer o relacionamento entre ambos e mantê-los em sintonia. Assim se apresentarão unidos diante da equipe e com uma mensagem coerente, que elimine qualquer confusão organizacional.

É fundamental não encerrar a Reunião de Sintonia até os dois estarem 100% sintonizados um com o outro.

REGRA Nº 2: NÃO FAZER FOFOCA

No centro dessa regra está a tentativa de eliminar situações em que o visionário ou o integrador esteja agindo para impedir a eficácia do outro. Podem parecer atos naturais e inofensivos, mas são capazes de causar grandes prejuízos.

Uma fofoca pode começar quando um funcionário procura um chefe para reclamar ou obter uma resposta melhor/diferente para seu problema. Reclamações improdutivas ocorrem quando alguém compartilha um problema não para resolvê-lo, mas sim por politicagem, traição e/ou posicionamento. Toda organização parece ter alguém a quem todos levam reclamações. Se essa pessoa não lidar com a situação adequadamente, uma praga pode se propagar. Quem for consultado poderá ouvir e aconselhar, mas nunca tomar uma decisão. Se fizer isso, estará sabotando o gestor responsável e impedindo-o de executar o próprio trabalho. O recomendável é ouvir com atenção e, no fim da conversa, fazer "a pergunta".

Qual seria "a pergunta" a fazer após uma reclamação improdutiva? Esta aqui: "Você vai contar a eles ou eu conto? Porque um de nós precisa contar." Garantimos que funciona. Essa pergunta acabará com as fofocas em um mês.

A maioria das fofocas chega ao visionário. Os colaboradores costumam procurar o visionário, ou o visionário os procura. Embora isso funcionasse nos estágios iniciais da empresa, agora é preciso implementar a Regra nº 2 para acabar com esses antigos hábitos improdutivos e passar para o próximo nível.

REGRA Nº 3: DAR A ÚLTIMA PALAVRA AO INTEGRADOR

Essa regra aborda questões fundamentais sobre como as decisões são tomadas na organização.

Como sabemos quem decide sobre cada assunto? Para responder, consulte o Diagrama de Responsabilidades. Quando bem construídos, os papéis associados a cada função permitirão identificar a pessoa adequada para qualquer decisão. A regra básica é que o líder de vendas detém as decisões sobre questões de vendas, o líder de operações detém as decisões sobre operações e assim por diante. O que a Regra nº 3 determina é como são tratadas as questões pertinentes à empresa, à equipe de liderança e aos gargalos interdepartamentais do dia a dia.

Devemos começar com a trilha de resolução de problemas mencionada anteriormente. Nas operações do dia a dia do negócio e por meio das reuniões da equipe de liderança, o integrador orientará a tomada de decisões utilizando a Trilha de Resolução de Problemas, descrita a seguir.

TRILHA DE RESOLUÇÃO DE PROBLEMAS (TRP)

Imagine você e sua cara-metade na dupla V/I, juntamente com toda a equipe de liderança, resolvendo problemas importantes em reuniões. Na Lista de Problemas, identifique os três principais itens em relação ao impacto e, em seguida, siga a Trilha de Resolução de Problemas a fim de encaminhá-los para uma solução.

Etapa 1: Identifique
- O problema declarado raramente é o real.
- Será preciso cavar fundo para encontrar o verdadeiro problema.
- Não avance até identificar claramente o problema real. Dê nome a ele!
- O objetivo é expor o problema real em uma frase e chegar à raiz dele.
- Só depois inicie a discussão e mantenha o foco no problema real até ser resolvido (sem digressões).

Etapa 2: Discuta
- Em um ambiente aberto e honesto, todos devem compartilhar reflexões, preocupações e soluções sobre o problema real.
- Discutam e debatam.
- Todos precisam dizer tudo que considerarem necessário, mas uma única vez. Repetições são improdutivas.
- Quando todos os problemas estiverem na mesa e a discussão não sair do lugar, chegou a hora da solução.

Etapa 3: Solucione
- Com o bem maior em mente, a solução é sempre simples, embora nem sempre seja fácil – às vezes é muito difícil.
- **Decidir** é mais importante do que a **decisão** em si... portanto decida!
- A solução precisa ser apresentada até se ouvir o doce som da concordância.

Em uma equipe saudável, em oito a cada dez vezes todos concordarão com a solução. No entanto, em duas isso não acontecerá. Nesses casos, o integrador deverá tomar a decisão final. Gestão por consenso não funciona e pode até atrapalhar a carreira de quem propõe. Nem todos ficarão satisfeitos, mas, desde que as opiniões sejam ouvidas e a equipe seja saudável, geralmente aceitarão a decisão. A partir daí, a equipe deverá se mostrar unida e seguir em frente. Não há problema em discordar de uma decisão, mas, uma vez que estiver tomada, todos devem se comprometer com ela.

A ideia de ceder a autoridade de tomar decisões a um integrador pode parecer chocante ou assustadora para alguns visionários. No entanto, com o Diagrama de Responsabilidades e as Cinco Regras em vigor, nossa experiência demonstra que funciona. A capacidade de resolver disputas permite que o integrador execute seu trabalho, não deixando a Equipe de Liderança se prender a padrões de retenção. Um grande integrador tomará decisões melhores do que um visionário por estar mais sintonizado com todos os problemas, prioridades e recursos.

O visionário pode interferir em uma decisão que seria do integrador? A resposta curta é sim, mas muito raramente. Como seria isso? Se um integrador estiver tomando decisões ruins, não se sentir confortável com certas decisões ou não estiver pronto para tomar decisões importantes, elas devem ser deslocadas para a Lista de Problemas da Reunião de Sintonia.

Dito isso, se de fato o integrador estiver se sentindo pouco à vontade e/ou tomando decisões ruins, ele precisa ser demitido. Atenção: isso não deve ser surpresa para o visionário nem para o integrador, considerando o previsto no Diagrama de Responsabilidades e nas Cinco Regras.

Na maior parte das vezes, grandes decisões estratégicas são abordadas na Reunião de Sintonia. Entram nessa categoria grandes investimentos de capital, mudanças no plano de direção estratégica e trocas de colaboradores no nível de liderança.

REGRA Nº 4: SER UM COLABORADOR QUANDO TRABALHA NA EMPRESA

De acordo com essa regra, seja você o visionário, integrador e/ou proprietário da empresa, precisa reconhecer que seu papel de dono é diferente de seu papel de colaborador. O visionário geralmente é proprietário e, na metade das vezes, integrador também. Acontece muito de o sentimento de "direito do proprietário" ser transferido para o desempenho da função específica no Diagrama de Responsabilidades. Isso pode gerar um tremendo problema na organização – pois cria um terreno fértil para as fofocas que pretendemos banir com a Regra nº 2 e nutre a percepção de "Faça o que eu digo, não o que eu faço".

Para lidar com essa tendência, entenda que ser proprietário *da* empresa é diferente de ser colaborador *na* empresa. Ao se posicionar na Caixa do Proprietário (descrita a seguir), você está desempenhando seu papel de dono. Nessa condição, é beneficiado pelo lucro gerado, define a visão e a estratégia da organização e toma as decisões finais. Ao se sentar na cadeira de visionário ou integrador no Diagrama de Responsabilidades, porém, deve ser responsável por suas funções e seguir as mesmas regras que todos os outros naquela posição. Um proprietário ocupando uma posição no Diagrama de Responsabilidades não deve ter mais direitos do que um colaborador nas mesmas condições. Mantenha esses dois papéis separados. Há tempo e lugar para cada um. Como na história contada no Capítulo 4, em que uma pessoa tinha três posições no Diagrama de Responsabilidades, agora você tem outra, a de proprietário.

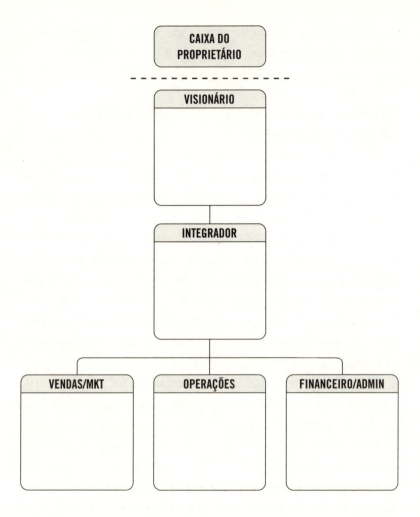

Veja um conjunto de princípios para afastar-se de armadilhas da condição de proprietário/colaborador e ajudá-lo a cumprir a Regra nº 4.

Como proprietário (só aplicável a sociedades):
1. Realize reuniões formais trimestrais de sócios
2. Organize Reuniões de Sintonia mensais
3. Comunique-se sem rodeios

4. Escute e deixe os outros falarem
5. Apresente uma frente unida na empresa
6. Resolva os problemas antes de trazê-los para dentro da empresa; todos os problemas da empresa são legítimos

Como colaborador:
1. Não manifeste opiniões divergentes na presença de outras pessoas; não espere direitos especiais por ser proprietário
2. O integrador toma as decisões finais *na* empresa; quaisquer divergências são tratadas nas Reuniões de Sintonia de V/I ou nos encontros de sócios
3. Não se envolva em política interna nem faça fofoca
4. Exerça seu papel com responsabilidade; siga as regras; seja a pessoa certa no lugar certo
5. Você pode ser demitido

Lembre que seus únicos direitos como proprietário são receber sua parte do lucro distribuído e tomar as decisões finais. Não há nenhuma garantia de emprego. Se não for a pessoa certa para o cargo, deverá ser substituído – pelo bem maior da organização.

REGRA Nº 5: MANTER O RESPEITO MÚTUO

Como uma dupla V/I dinâmica, vocês devem se respeitar de verdade. Não pode ser um teatro, já que outras pessoas da organização perceberiam. Se não tiverem respeito um pelo outro, devem terminar o relacionamento logo.

Também precisam compartilhar um alto nível de confiança, franqueza e honestidade. Caso contrário, darão aos colaboradores sinais que reduzirão sua capacidade de construir uma empresa de excelência.

Independentemente da participação acionária, o visionário deve tratar o integrador como um parceiro genuíno – não como um empregado. Embora o integrador preste contas ao visionário, não deve se sentir inferior. Um relacionamento saudável e respeitoso habilita o integrador a seguir em frente, maximizando seu trabalho para o bem maior. O relacionamento deve ser de respeito mútuo e confiança – assim como qualquer boa parceria ou casamento.

A importância do respeito mútuo pode ser exemplificada por uma sessão épica real, com um cliente, que durou 16 horas e meia (uma sessão com toda a equipe de liderança costuma demorar sete horas). Campeã em duração, sem dúvida poderia ter sido mais curta. A questão é que o visionário e o integrador não se respeitavam. Essa disfunção consumiu quase dez horas – tempo que poderia ter sido destinado a atividades mais importantes. Suportar tantas horas de farpas e desconfianças também abalou muito a confiança e o desempenho da equipe de liderança. O final feliz da história é que o visionário acabou se separando do integrador (que era um sócio) e hoje dirige uma empresa de tecnologia muito bem-sucedida e que cresce rapidamente.

Resumindo: nunca faça um comentário negativo sobre seu par na dupla V/I para ninguém dentro da organização – nunca.

Embora as Cinco Regras descritas aqui ajudem bastante a construir e manter o respeito mútuo – para que o relacionamento V/I atinja a plenitude –, este requer disciplina constante. Sempre haverá algum nível de tensão saudável, mas é preciso administrá-la e aproveitá-la para o bem da empresa.

ATRITO

Como um visionário e um integrador são programados de formas muito diferentes, encaram o mundo de maneiras fundamentalmente diversas. Assim, existe um atrito natural entre eles. Quanto mais fortes e genuínos forem os papéis de V/I, maior pode se tornar a tensão. Caso não seja gerenciada proativamente, essa "carga" – fonte do poder da dupla V/I – também pode virar seu calcanhar de aquiles. Se o atrito se acumular por muito tempo sem ser dissipado, pode criar uma barreira que impedirá a dupla V/I de abordar de fato os problemas centrais. Tanto o visionário quanto o integrador devem trabalhar constantemente para manter essa dinâmica normal de relacionamento em níveis seguros. Nesse sentido, as Cinco Regras criam um excelente processo de gerenciamento.

Tensão é algo normal e não deve ser confundida com falta de respeito. Suportar o atrito demonstra, na verdade, um alto nível de respeito mútuo.

Alguns visionários inicialmente reagem a essa nova relação V/I com uma sensação de estarem "encostados". Mas isso costuma desaparecer quando percebem que ainda estão conectados, contribuindo e se comunicando com toda a organização. Há inúmeras oportunidades para interações contínuas. Eles podem usar as aptidões dadas por Deus em benefício da organização.

Embora seja raro, alguns visionários se envolvem em um ciclo regular de reuniões individuais com membros da equipe de liderança, e talvez até com o integrador, para se sentirem ainda mais conectados. Embora seja bom, se o Diagrama de Responsabilidade e as Cinco Regras forem implementadas, as reuniões individuais do visionário não serão necessárias.

Para terminar, pedimos que monte um Diagrama de Responsabilidades e viva cada dia de acordo com as Cinco Regras. Tudo para gerar clareza, foco e responsabilidade para você e toda a organização. O resultado será um relacionamento V/I saudável.

CAPÍTULO 6

ENCONTRANDO UM AO OUTRO

Se você ainda não encontrou seu par V/I, este capítulo é sobre afinidades: visionários encontrando os integradores certos e integradores encontrando os visionários certos. Se você for um visionário e decidiu que está pronto para contratar um integrador, nós o ajudaremos a encontrar a combinação certa.

Do outro lado do espectro, embora os integradores não saiam para contratar seu próprio visionário, temos algumas diretrizes para integradores "prontos" e para integradores em formação, muitos deles atualmente escondidos em algum lugar dentro de grandes ou pequenas empresas. Saiba que organizações que faturam de 2 a 50 milhões de dólares realmente precisam de você. Mostraremos como encontrar um grande visionário compatível e construir uma grande empresa.

Dividimos este capítulo em duas partes. A Parte 1 é para visionários em busca de integradores. A Parte 2, para integradores em busca de visionários.

PARTE 1: VISIONÁRIOS EM BUSCA DE INTEGRADORES

Para não complicar, começaremos com um contexto básico. Descobrimos que existem apenas três cenários em empresas que ainda não contam com um integrador consolidado:

1. O visionário não consegue identificar um integrador na equipe atual – terá que procurar fora.
2. Existe um integrador na empresa, mas o visionário ainda não o reconheceu – e ele está só esperando ser descoberto.
3. Já existe uma combinação V/I (normalmente uma parceria), mas os dois papéis ainda não foram definidos no sentido de dividir para conquistar.

Abordaremos esses três cenários e forneceremos soluções práticas para ajudar vocês a se encontrarem e garantir uma ótima combinação.

Integradores – mercadoria escassa

Encontrar integradores no mundo das pequenas empresas (de 2 milhões a 50 milhões de dólares) é difícil. Um recrutador observou: "Há uma escassez desse perfil no mundo." Segundo um especialista no tema, "cerca de 22% da população mundial são talhados para se tornarem visionários". É pouco, mas o verdadeiro problema surge quando ele explica que apenas 5,5% da população mundial têm o necessário para serem integradores. O que nos deixa com a alarmante proporção de quatro visionários para um integrador. Mesmo na situação hipotética de que qualquer integrador pudesse trabalhar com qualquer visionário, 75% dos visionários (3 em 4) continuariam sozinhos – sem nenhum integrador como parceiro. Sabemos que a natureza competitiva típica dos visionários faz com que acreditem estar entre os 25% sortudos – aqueles que garantiram uma dupla V/I. Mas a matemática piora.

A correspondência V/I é como o encaixe perfeito entre duas peças de um quebra-cabeça. Um integrador não atende aos propósitos de todos os visionários. Na verdade, se considerarmos que apenas 10% de todos os integradores são a combinação certa para um determinado visionário, as chances de correspondência caem de 25% para 2,5%. Em outras palavras, entre todos os integradores existentes, apenas 2,5% provavelmente serão uma ótima combinação para você. Isso é assustador!

Mas vejamos os números de outra maneira. Em cada 300 milhões de pessoas existem 16,5 milhões de integradores (5,5%). Desses, 1,65 milhão (10%) podem ser seu par perfeito. Então mexa-se! Saia pelo mundo e encontre um ótimo parceiro – antes que ele se una a outro visionário.

Para ajudá-lo na busca, acompanhe nosso processo testado e aprovado para encontrar o integrador perfeito. Não é nada de alta complexidade. Simplesmente demanda tempo, compromisso e energia.

O processo de conexão V/I – sete etapas

1. Use o Espectro Visionário para determinar em que medida sua empresa precisa de energia visionária
2. Mapeie seu perfil visionário
3. Identifique seu perfil de integrador ideal – sua peça complementar no quebra-cabeça
4. Use os Quatro Fatores de Disponibilidade para confirmar que está pronto para trabalhar ombro a ombro com um integrador
5. Inicie suas pesquisas e encontre um integrador compatível
6. Integre seu novo integrador e comece a crescer
7. Siga o Ciclo de Relacionamento V/I – Planejar, Executar, Permanecer em Sintonia, Alinhar

Etapa 1 – Use o Espectro Visionário

Volte ao Espectro Visionário (discutido no Capítulo 3) para validar onde está. Isso ajudará a avaliar o nível de visionário de que sua empresa realmente precisa. Lembre-se de que o Espectro Visionário se baseia em três fatores:

1. Tipo de atividade
2. Aspirações de crescimento dos líderes da organização
3. Nível de mudança/complexidade enfrentado pela empresa

Combine esses três fatores para ter uma ideia de onde sua empresa se encontra no Espectro Visionário. Se todos estiverem na extremidade inferior da escala, a empresa precisará de muita energia visionária. Se a maioria dos fatores estiver na extremidade superior, bastará um pouco.

Assim você terá clareza sobre em que deve investir seu tempo e desenvolverá uma visão melhor sobre aquilo de que mais precisa de seu complemento integrador.

Etapa 2 – Mapeie seu perfil visionário

Assim que o Espectro Visionário ficar claro, documente o padrão de como você opera mais naturalmente – definindo sua peça no quebra-cabeça de duas peças. Isso, por sua vez, indicará o perfil do integrador ideal para você e o formato da segunda peça do quebra-cabeça para a Etapa 3.

Enquanto busca entender como é a sua peça de visionário no quebra-cabeça, reveja o DNA do visionário no Capítulo 1, juntamente com a Avaliação do Visionário. Avalie-se cuidadosamente com essas definições para conhecer seus pontos fortes e fracos, assim como lacunas relevantes para uma boa conexão V/I.

Ferramentas e programas de criação de perfis também podem ser muito úteis para projetar as duas peças do quebra-

-cabeça. Quando o visionário da Urban Acres, Steven Bailey, decidiu que estava na hora de encontrar seu integrador, ele contratou a assessoria da Culture Index Dallas-Fort Worth – empresa especializada em avaliar, diagnosticar, planejar e executar todas as decisões envolvendo pessoas. Esses especialistas abordam o problema de dentro para fora – ou seja, partindo da personalidade do visionário – em vez de avaliar candidatos em perspectiva. O programa começa com a orientação estratégica estabelecida pelo visionário.

Eles trabalharam baseando-se na "lista de desejos" de Steven para a função de integrador, elaborando um mapa com as características adequadas à Urban Acres – processo que chamam de "C-Job". Munido dessas informações, Steven direcionou sua pesquisa e, em seguida, filtrou todos os candidatos on-line. Por fim, contratou um profissional que muito provavelmente não teria sido escolhido sem o discernimento do programa Culture Index. Isso porque, muitas vezes, certos atributos de um integrador ideal, quando somados, compõem um perfil que nem sempre se sai bem nas entrevistas. Como Steven e sua equipe já sabiam disso, direcionaram suas buscas para áreas mais críticas. Então aprofundaram-se na personalidade dos candidatos mais prováveis e descobriram o integrador que procuravam, que se mostrou um excelente complemento para Steven.

Além do programa Culture Index, também conhecemos clientes que usam os modelos DiSC, Kolbe, Myers-Briggs (MBTI) e TTI. Se estiver interessado em uma abordagem baseada em perfis, recomendamos contratar um especialista para orientá-lo. Se não conhece um, visite nosso site (www.rocketfuelnow.com, em inglês) para obter uma lista atualizada de recursos valiosos que poderão ajudá-lo no processo de conexão V/I.

Etapa 3 – Identifique o perfil de integrador ideal

Analisando as informações sobre seu perfil que você descobriu na Etapa 2, projete seu complemento perfeito. A CJ Dube, uma experiente implementadora certificada do SOE, recomenda que seus clientes visionários reservem duas horas na agenda para refletir em silêncio sobre uma "lista de desejos" do que um integrador poderia fazer por eles. Que liberdades, compromissos e responsabilidades desejam? Como a vida poderia ser diferente/melhor? Como seus negócios poderiam ser mais saudáveis e inteligentes? Incorpore essas respostas ao papel de integrador.

Volte ao DNA do integrador e à Avaliação do Integrador, que discutimos no Capítulo 2, para criar esse perfil e projetar a peça complementar do quebra-cabeça. Compare com seu perfil de visionário e mapeie a combinação perfeita.

Conforme mencionado na Etapa 2, considere contratar um especialista em criação de perfis para essa etapa. É uma medida altamente recomendável, desde que o investimento não seja oneroso. Esse profissional pode ajudá-lo a identificar o integrador ideal para o seu perfil de visionário.

Se planeja crescer agressivamente, busque um integrador que já tenha trabalhado no nível que você deseja atingir. Embora não seja vital, e possa ser muito trabalhoso, pode ser bastante útil para chegar lá.

Para economizar tempo e ir direto ao ponto, ao criar o perfil do integrador ideal, recomendamos a descrição de cargo a seguir como ponto de partida. Trata-se de uma lista de características do integrador, cujo propósito é ajudá-lo a definir o papel adequado à organização. Essa lista nasceu de nossos esforços para ajudar uma empresa a encontrar um integrador. Para compor um perfil universal, trabalhamos intensamente com uma equipe de implementadores do SOE e com Rob Fricker, associado independente da TTI Success International, organização que oferece soluções para gestão de talentos com base em avaliações de primeira linha. Nosso trabalho definiu os oito papéis e as responsabilidades mais comuns de um integrador.

Descrição do trabalho do integrador
1. Executa fielmente o plano de negócios, alcançando ou até superando os objetivos de P&L.
2. Lidera, gerencia e cobra da equipe de liderança a conquista dos compromissos acordados.
3. Integra todas as principais funções operacionais do negócio. Garante que todos estejam remando juntos na mesma direção. Traça o caminho, sempre trabalhando pelo bem maior do negócio.
4. Detecta e resolve problemas reais de modo prático e eficiente. Sente-se à vontade em meio a conflitos. Assegura-se de que a equipe de liderança seja saudável, funcional e coesa.
5. Garante que todos estejam de fato seguindo coerentemente os principais processos e sistemas operacionais da empresa. Demonstra habilidades eficazes para a gestão de projetos.
6. Exibe, de modo confiável, uma obsessão implacável por objetividade, simplicidade, clareza e adesão a valores.
7. Colabora efetivamente com o visionário, com quem permanece em sintonia. Mantém um alto nível de respeito por ele e, em geral, é correspondido. Reconhece as contribuições e ideias únicas do visionário e tem a capacidade de filtrá-las em projetos funcionais para a empresa.
8. Garante que todas as principais mensagens sejam transmitidas em cascata, de maneira adequada e consistente, por toda a organização. Assegura-se também de que todos estejam informados. Verifica se a comunicação na empresa é eficiente.

Use sua criatividade e sua experiência para concluir a descrição certa para seu integrador ideal.

Etapa 4 – Use os quatro fatores de disponibilidade

Não queremos enganar você: escolher um integrador é um trabalho difícil e demorado. Como diz Dan Sullivan: "Haverá sofrimento a longo ou a curto prazo. Você escolhe. Seja como for, haverá sofrimento." Antes de iniciar esse importante processo de busca, revise os Quatro Fatores de Disponibilidade descritos no Capítulo 4 para se certificar de que está preparado para se comprometer. Para recapitular, são os seguintes:

1. Disponibilidade financeira
2. Disponibilidade psicológica (preparado para abrir mão de algum controle)
3. Disponibilidade de estilo de vida (preparado para trabalhar menos horas, ou as mesmas horas, mas com foco diferente e menos frustração)
4. Disponibilidade para a Capacidade Singular® (preparado para ser 100% você)

Você identifica os benefícios financeiros que compensarão as despesas? Está mesmo disposto a abrir mão do controle? A perspectiva de trabalhar menos horas ou passar esse tempo em uma área ideal o atrai? Está pronto para começar a ser o que só você pode ser? Responda a essas perguntas com um claro sim. Se tiver dúvidas, começará mal.

Pelo lado das despesas, verifique se está pronto para o investimento. Entenda que precisará remunerar seu integrador de forma justa. Com base em nossa experiência, a maioria dos visionários primeiro subestima quanto deverá pagar ao integrador. Portanto, se for um visionário típico, acrescente 50% à remuneração prevista (é o percentual que um visionário costuma calcular a menos). Uma ótima maneira de ajudá-lo a satisfazer o fator de disponibilidade financeira é estudar sua lista de problemas e detectar algum que possa ser resolvido com a contratação do integrador certo. Agora atribua um impacto financeiro para solucionar cada um desses problemas – quanto dinheiro e tempo economizaria/ganharia se todos fossem resolvidos? Por fim, some esses valores. Qual foi o número obtido? Se você for como a maioria de nossos clientes, esse simples exercício revelará o impacto financeiro e o retorno possíveis do investimento em seu integrador.

Etapa 5 – Comece a buscar um integrador compatível

Se estiver pronto, comece a pesquisa. Considerando nossa discussão sobre escassez no início deste capítulo, seu primeiro desafio será encontrar candidatos em número suficiente. Um recrutador sugere que avalie 150 candidatos "qualificados", vinte "interessados" e de 5 a 7 "altamente qualificados". Outro propõe 150 "indícios" para identificar dez "possibilidades", que levarão a três candidatos "qualificados". Como você os encontrará? Veja seis caminhos frequentemente percorridos por nossos clientes:

1. **Recrutadores.** A maioria dos visionários não dispõe de pessoas na sua rede de contatos para essa função, mas empresas especializadas podem fornecer bons nomes. A maioria dessas empresas avalia de 200 a 250 pessoas. Elas disciplinaram os processos de chamada fria, que podem ser difíceis para quem não é do ramo. Mike Frommelt, da KeyStone Search, empresa dedicada à contratação de integradores, diz que "obter uma quantidade adequada de candidatos qualificados é de longe o maior desafio desse processo". Se não estiver disposto a fazer a extensa pesquisa necessária para obter seu grupo de candidatos, recomendamos a contratação de um recrutador. Os bons valem o investimento. Insistimos que eles leiam este livro para que compreendam o papel do integrador. Se optar por explorar esse caminho, esperamos que

já conheça uma grande empresa de recrutamento. Caso contrário, pesquise.

2. **Rede de contatos.** Essa abordagem potencializa seus contatos por meio do bom e velho boca a boca. Ao divulgar de que precisa entre seus conhecidos, poderá chegar a bons candidatos em potencial.

Michael Morse encontrou seu integrador com esse tipo de divulgação. Um conhecido na área comercial tinha um vizinho que considerava o candidato ideal. De fato, era. Ambos provaram ser uma das melhores duplas V/I que já vimos. Também foi assim que Gino encontrou Don Tinney, seu integrador e sócio na EOS Worldwide. Gino divulgou a busca entre conhecidos e um amigo em comum conectou os dois. Recentemente eles comemoraram oito anos de uma parceria comercial muito bem-sucedida.

Uma rede de contatos torna possível divulgar qualquer notícia a todos. É possível, por exemplo, enviar por e-mail uma descrição do perfil ideal para você ou divulgá-lo em todas as conversas. Plataformas como o LinkedIn são excelentes canais para que sua rede conheça suas necessidades.

3. **Recrutamento interno.** Se seu departamento de RH for competente e seu processo de recrutamento interno for eficaz, isto poderá proporcionar ótimos candidatos. Peça aos colaboradores do setor que concentrem seus recursos em encontrar o integrador certo.

4. **Candidato interno.** Alguém em sua atual equipe de liderança poderia ser o integrador perfeito para você? Um sócio? Não se esqueça de olhar para dentro – poderá ter uma boa surpresa. Após criar o perfil, aplique-o a todas as pessoas da empresa.

5. **Serviços compartilhados.** Descobrimos há pouco tempo que o modelo de serviços profissionais compartilhados, já bem conhecido para serviços financeiros e de marketing, está começando a se estender de modo a incluir a função de integrador. Nesse modelo, em vez de pagar um salário por tempo integral a um profissional experiente, você contrata alguém do mesmo nível (ou até superior) por menos tempo – talvez três dias por semana. Pode ser um modo de alcançar um benefício imediato, adicionando um talento necessário que você talvez não possa custear em tempo integral no momento. Essa solução provisória pode evoluir para um relacionamento de tempo integral.

    Ainda não conhecemos muitos exemplos dessa opção, mas já vimos que pode dar certo. Além disso, parece estar se tornando uma tendência. Um exemplo são Paul Boyd e seus associados na Cloud9b2b. Eles dispõem de uma base de clientes em expansão para o serviço de integradores compartilhados e tiveram impacto substancial na empresa Financial Gravity.

6. **Recursos adicionais.** Estamos aqui para ajudá-lo a se conectar também. Acesse nosso site (www.rocketfuelnow.com, em inglês) para obter uma lista atualizada de integradores em busca de visionários e registre-se como um visionário em busca de um integrador. Enquanto estiver lá, verá nossa lista atualizada dos recursos adicionais mais úteis para ajudá-lo a concluir sua conexão V/I.

Em qualquer desses seis caminhos, você precisará ser um entrevistador magistral. Se não tiver essa habilidade, um bom recrutador poderá ajudá-lo. Ao entrevistar os candidatos, avalie três dimensões:

1. Até que ponto se encaixam em seus valores fundamentais? (Precisam se adequar totalmente à cultura da empresa.)
2. Até que ponto se alinham com sua paixão e seu propósito?
3. Até que ponto correspondem às funções e responsabilidades identificadas para o cargo no Diagrama de Responsabilidades? Está convencido de que têm condições de *desempenhar* o papel, *querem* o papel e têm *capacidade* de se destacar?

Faça perguntas comportamentais nessas linhas instigando-os a comentar. Descreva seus valores fundamentais com paixão, pinte um Diagrama vívido de sua cultura... e tente assustá-los. Se não conseguir, eles provavelmente são adequados para você. Ouça as histórias deles. Procure detalhes e exemplos. Dedique tempo suficiente ao processo. Entenda o que eles realmente desejam e onde estão suas paixões. Recomendamos que alguns dos principais integrantes de sua equipe de liderança os entrevistem também. Eles são adequados? Existe química?

À medida que ampliar seu grupo de candidatos e possivelmente começar a buscá-los em empresas maiores, precisará apresentar mais informações a respeito de detalhes operacionais que são menos óbvios para quem trabalha em uma empresa grande. Caso não tenham tido experiência anterior em negócios de 10 a 250 pessoas, podem não "entender" determinados aspectos de pequenos empreendimentos. O ritmo é rápido. A flexibilidade é essencial. Todo mundo põe a mão na massa em algum momento. Não há "torres de marfim". Mostre a eles os desafios específicos do seu ambiente. Em seguida, surpreenda-os com a oportunidade única que sua organização empresarial tem a oferecer, o que pode ter um grande impacto: mais autonomia, oportunidade de dominar o ofício. Não deixe de comentar como essas oportunidades podem ser raras nas grandes empresas. A sua é um lugar especial – ajude-os a enxergar isso.

À medida que o grupo se reduz aos finalistas, passe mais tempo com eles. Promova discussões em grupo, jantar com outros membros da equipe e até com a família. Trata-se de um relacionamento crucial, e vocês estão se cortejando. Como em qualquer namoro, é essencial que haja química. "Namore" o tempo que for preciso antes de oficializar a união. Nós apoiamos o lema "lento para contratar, rápido para demitir". Se você se enganar (seu instinto lhe dirá), demita o integrador rapidamente e recomece essa etapa. Fazer a escolha errada lhe dá a grande oportunidade de analisar o que funcionou ou não e assim contratar melhor da próxima vez. Por favor, não confunda um engano com o ano de paciência que prescreveremos no capítulo seguinte.

Um cliente que segue essa filosofia – lento na contratação, rápido na demissão – escolheu um candidato que se saiu bem nas entrevistas e causou excelente impressão durante os processos de contratação e adaptação. Em poucos meses, no entanto, percebeu que tinha se enganado e o demitiu. Sua avaliação: "Ele foi ótimo na apresentação, mas péssimo na produção."

Compensação
Quanto ao salário do integrador, não existe uma solução única. Gostaríamos de oferecer uma resposta perfeita – mas, infelizmente, não há. Em algumas empresas, os riscos/recompensas são altamente variáveis; em outras, mais fixos. Existem as que propõem uma participação acionária substancial, enquanto outras não oferecem nenhuma. Apenas lembre-se de que a maioria dos visionários subestima a remuneração adequada a um integrador. Tome providências para que seu pacote seja competitivo.

Quer venha de dentro, quer venha do mercado, o integrador pode se tornar um sócio/acionista – não obrigatoriamente. Não vimos nenhuma correlação entre o sucesso de um integrador e a participação acionária. Descobrimos que cerca de metade tem. Os dois modelos funcionam.

Depois de encontrar o ajuste perfeito, faça todo o possível para iniciar a parceria com o pé direito. O que nos leva à Etapa 6.

Etapa 6 – Integre seu novo integrador

Agora que você finalmente tem seu integrador, ele parece ser um astro do rock. Deve então deixá-lo agir à vontade, certo? Não exatamente. Os primeiros noventa dias do mandato de qualquer líder costumam ser decisivos.

Preste muita atenção em dois aspectos importantes durante as fases de ambientação e de produção: noventa dias para a primeira e um ano para a segunda. (Vamos nos concentrar aqui nos noventa dias de ambientação, deixando a produção para o Capítulo 7). Um recrutador experiente sugere contratar um instrutor de ambientação para os primeiros meses. Essa figura vem se tornando muito popular nos últimos anos. Atuará como uma caixa de ressonância para você e o integrador, e garantirá que todos entendam o que se considera *sucesso* na sua empresa. A solução adiciona algumas despesas ao processo, mas vale a pena. Uma rápida pesquisa no Google levará a instrutores empresariais especializados em ambientação. Você também poderá encontrá-los em nosso site, que oferece ainda outras informações úteis. O livro *Os primeiros 90 dias: Estratégias de sucesso para novos líderes*, de Michael Watkins, é altamente recomendado como recurso adicional.

Leve a sério o marco dos noventa dias. Faça o que puder para garantir que seja um ponto de verificação significativo na parte inicial da jornada V/I.

Se optar por gerenciar sua própria ambientação, procure seguir estas cinco etapas:

1. **Acelere o aprendizado.** Apresente seu integrador aos colaboradores com mais conhecimentos, sejam eles outros membros da equipe ou elementos-chave do sistema de informações. Treine ativamente seu integrador. Faça perguntas para ajudá-lo a focar o pensamento e, em seguida, ensine-o a encontrar as próprias respostas.

2. **Garanta vitórias iniciais.** Provavelmente nada será mais poderoso para estabilizar seu integrador, aumentar a autoconfiança dele e posicioná-lo favoravelmente aos olhos da equipe do que algumas vitórias iniciais. Ajude-o a formular projetos impactantes que possam ser bem-sucedidos nos primeiros noventa dias. Em seguida, trabalhe com ele para descobrir como fazê-los acontecer. Será um contexto perfeito para o aprendizado e a construção de uma base de respeito mútuo.

3. **Obtenha o alinhamento.** Retorne aos capítulos 4 e 5. Trabalhe ativamente com o Diagrama de Responsabilidades e as Cinco Regras. É o modo mais rápido de alcançar um alinhamento genuíno.

4. **Construa a dinâmica da equipe.** Durante os primeiros noventa dias, passe algum tempo ajudando seu integrador a conhecer os outros membros da equipe de liderança. Concentre-se em estabelecer uma base de confiança. É claro que levará tempo. Nos primeiros dias, algumas atividades sociais livres podem ser muito úteis à incorporação do integrador à equipe de liderança.

5. **Forneça as ferramentas.** Apresente ao integrador nosso site www.rocketfuelnow.com, em inglês, para que conheça as ferramentas de suporte existentes e peça que leia este livro.

A partir daqui, é para a frente e para o alto. Você pode até voltar à vida normal! Como verá, contratar a pessoa certa significa comprometer-se com o trabalho e com detalhes, sem ceder à tentação de pegar atalhos. Sua recompensa ficará evidente de 6 a 18 meses depois, quando finalmente a empresa estiver como você quer!

Etapa 7 – Siga o ciclo de relacionamento V/I: planejar, executar, permanecer em sintonia, alinhar e repetir

Como em qualquer grande processo, há um ciclo de feedback. Assim que seu integrador estiver adaptado e fortalecido, começa a jornada. Aplique o Diagrama de Responsabilidades e as Cinco Regras. Assim dará início a um círculo virtuoso duradouro de crescimento, tanto para vocês dois quanto para a empresa. Planeje, execute os planos, permaneça em sintonia, alinhe quando necessário e repita esses passos.

PARTE 2: INTEGRADORES EM BUSCA DE VISIONÁRIOS

Atenção, integradores!

Com base no que leu, você é um integrador mal aproveitado? Esquecido em uma grande empresa? Sente-se pouco à vontade, deslocado, quase um alienígena? Fica frustrado com a dificuldade de realmente fazer tudo acontecer? Talvez não trabalhe em uma grande empresa. Pode estar desempregado e achando que ninguém o contratará. Acabou de se formar na faculdade? É consultor? Está perdido em uma empresa pequena, que ainda não percebeu o potencial da sua colaboração com o visionário – a capacidade de integrar harmoniosamente todas as principais funções do negócio. Nesse caso, talvez seja aquele integrador especial de quem o mundo das pequenas empresas tanto precisa.

Você pode não ser visionário o suficiente para já ter iniciado um negócio por conta própria, mas sabe como uma empresa de sucesso poderia funcionar. Tem aquela curiosidade empreendedora que leva seus colegas a vê-lo de modo diferente dentro de uma grande organização. Eles não sabem bem o que fazer. Talvez você os assuste um pouco, pois não entendem como sua mente funciona. Você busca mais liberdade. Eles foram programados para ser engrenagens em uma máquina. Você foi programado para pegar uma ideia e fazê-la acontecer. É um dom muito especial.

Os visionários precisam exatamente disso. Sentem-se tolhidos sem você, precisam que os liberte. Quando os dois formam uma dupla V/I, o visionário obtém exatamente o que deseja: a oportunidade de levar sua ideia adiante. Steven Bailey, o visionário da Urban Acres – fornecedora de alimentos orgânicos avaliada em 3 milhões de dólares –, diz exatamente isso: "Continuo indo em frente. Continuo sonhando alto."

Quando oferece seus talentos de integrador a um visionário igualmente talentoso, a recompensa pode ser enorme. Steven afirma: "O que atrai o integrador é a percepção de que o visionário simplesmente passará a visão para ele. O integrador executa. Funciona. Nós dois vemos o resultado e estamos muito satisfeitos."

Consulte nossa Avaliação do Integrador no Capítulo 2. Se contar com as características relacionadas, saiba que você tem um valor enorme – e um lugar no mundo. Se conhecer alguém que possui essas características, conte isso à pessoa. Passe a informação adiante. Dê este livro de presente.

Então, como poderemos combiná-lo com um visionário? Esperamos que muitos visionários, depois de lerem este livro, estejam buscando alguém como você. Mas não fique de braços cruzados: procure-os.

Procure proprietários de empresas que faturam de 2 milhões a 50 milhões de dólares, com 10 a 250 colaboradores. Use o LinkedIn para fazer pesquisas e crie uma lista de organizações nas quais possa se encaixar como integrador de um visionário. Você poderá se surpreender com o número de empresas desse tipo. Cada grande cidade dos Estados Unidos e certamente do seu país terá literalmente milhares.

Leia o jornal econômico local ou quaisquer publicações que cubram empresas desse porte. Visionários fortes geralmente chamam muita atenção na mídia – você encontrará informação sobre eles. Se algum o interessar, pergunte a si mesmo se compartilha sua paixão e se o respeitaria como visionário.

Quando a lista já estiver ganhando forma, divulgue amplamente em sua rede que gostaria de ajudar um empreendedor visionário a transformar a ideia dele em realidade. Acolha os visionários que quiserem se conectar. Se puder, tome um café com eles. Conte sua história. Fale sobre sua paixão. Explique como poderá impactar a vida e as empresas deles. Se a pessoa com quem estiver falando não for exatamente um visionário, peça-lhe que o apresente a quem é.

Após ter sido integrador em duas empresas, David Bitel, da Randall Industries, conta: "Estava procurando uma empresa em expansão. Quando conheci Randy Pruitt, o visionário da Randall Industries, sua empresa era uma das poucas que tinham crescido durante uma crise econômica. Em nossa conversa, ficou nítido que ele estava cumprindo as funções de visionário e de integrador. Randy também mencionou que via mais crescimento no horizonte e que deveria fazer grandes investimentos. Sabia como e onde aplicar os recursos, mas estava preocupado em como implementá-los e gerenciá-los."

David prossegue: "Ficou claro para mim que ele era um visionário que precisava de um integrador para romper as barreiras e ajudá-lo a planejar e executar sua visão."

Humildemente, ele compartilha a seguinte revelação sobre ser integrador: "Acho que ninguém nunca definiu como objetivo profissional ser integrador. Isso seria o equivalente a dizer

'Quando crescer, quero ser vice-presidente dos Estados Unidos' ou 'Quero ganhar uma medalha de prata nas Olimpíadas.'" Ele admite: "Durante minha carreira, percebi que me faltavam alguns componentes do DNA visionário. Mas também percebi que posso trabalhar facilmente ao lado de um visionário, aproveitando sua paixão e sua capacidade para ver a escultura no granito bruto e o ajudando a comunicar essa visão à empresa, de modo a transformarmos esse sonho em realidade."

David dá o seguinte conselho a qualquer integrador em busca do visionário certo: "Antes de mais nada, saiba que tipo de integrador você é. Com essas informações, procure a empresa e o visionário que melhor se ajustem com você. Em segundo lugar, descubra se está substituindo um integrador ou preenchendo o vazio do visionário pela primeira vez. Isso é importante porque, desde o início, você precisará saber de que o visionário está disposto a abrir mão. Para um visionário, abrir mão de algo pela primeira vez é muito mais difícil do que substituir o integrador. Se você for bom, no entanto, seu visionário acabará cedendo."

Quando tiver oportunidade de se conectar diretamente com um visionário, não se intimide. Eles costumam parecer muito confiantes e ter personalidades muito fortes. No entanto, por todos os motivos que já discutimos neste livro, precisam de ajuda – sinta-se confiante ao abordá-los.

Faça perguntas como estas: Como seria se tivesse alguém em quem pudesse confiar para pegar sua ideia e fazê-la acontecer? E se outra pessoa pudesse executar todos os pequenos detalhes do negócio enquanto você se concentra na sua próxima grande ideia? Gostaria de poder se ausentar por um longo período sem se preocupar com a possibilidade de que tudo desmorone enquanto estiver fora? Como integrador, você pode ser a resposta. Claramente tem um lugar importante no mundo. A melhor notícia é que existe um integrador para quatro visionários. Basta encontrá-los.

CAPÍTULO 7

PACIÊNCIA

Compreendemos muito bem a insanidade de pedir a um visionário que seja paciente. No entanto, é preciso entender o que virá quando ele unir forças com um integrador – possivelmente um primeiro ano acidentado que exigirá muita paciência. Às vezes, poderá achar que está empurrando uma enorme pedra morro acima e que, quando chegar no alto, ela vai rolar sobre ele. Mas coragem! Se o visionário entrar no processo de olhos bem abertos, dedicando-se à implementação do Diagrama de Responsabilidades e das Cinco Regras, sobreviverá ao estágio inicial. Ao contrário do mítico Sísifo, condenado a empurrar uma pedra morro acima e vê-la rolar, repetidamente e por toda a eternidade, você conseguirá levar seu fardo até o topo. Basta começar. Este capítulo, que abordará a paciência e o esforço necessários para desenvolver um relacionamento V/I sólido, foi dividido em três partes: antes, durante e depois da contratação.

ANTES

Você já viu que encontrar, recrutar e incorporar o integrador certo leva tempo. Seja paciente no processo de recrutamento. Resista à tentação de deixar que sua empolgação e sua pressa superem a devida diligência. Para uma contratação tão importante é melhor desacelerar, maximizando suas chances de fazer a escolha certa. Nenhuma experiência anterior de contratação rápida para impulsionar a produção – com uma expectativa de rotatividade aceitável – se aplica à contratação de um integrador. Não se apresse. Namore um pouco antes de embarcar nesse casamento.

Enquanto isso, permaneça engajado no papel de integrador até instalar, efetivamente, o novo ocupante na função. Não se afaste. Não tire o pé do acelerador. Pode ser tentador largar tudo que vem fazendo para aproveitar a liberdade de atuar apenas como visionário. Cuidado. Negligenciar a função de integrador antes do tempo poderá lhe custar caro. Apesar dos fortes sentimentos que o levaram a iniciar a incorporação de um integrador, com todas as dificuldades que possa haver, respire fundo e continue fazendo o trabalho até o integrador estar atuando.

Mark Bowlin foi o primeiro integrador da Urban Acres. Ele explica como seu visionário, Steven Bailey, costumava entregar o controle para alguém da equipe: "Assim que Steven notava que alguém já sabia algo, ele soltava completamente as rédeas. Acabou acreditando que não podia confiar em ninguém porque quando fazia isso (99% das vezes) tudo desmoronava. Ele ainda não tinha percebido que é porque saía cedo demais."

Para gerenciar proativamente os membros de sua equipe de liderança, não comunique de repente que vai contratar um integrador. Prepare-os para a mudança, porque a notícia pode ser um choque. Qualquer movimentação que traga um novo "chefe" costuma provocar esse efeito. Envolva-os em uma conversa e peça que leiam este livro. O fato de que muitas equipes de liderança pressionam o visionário para contratar um integrador pode encorajar você. Quando todos entenderem a função, perceberão que ali pode estar a solução para muitos problemas e frustrações.

Mostre a lista de características positivas do novo integrador e consiga o apoio da equipe.

Entenda que o processo poderá demorar um pouco e saiba que vale a pena esperar. Alguns clientes levaram dois anos para encontrar e alinhar seu relacionamento V/I de modo que tudo funcionasse como desejavam. Outros ainda estão esperando. É assim mesmo.

Saiba que alguns visionários nunca fazem uma transição eficaz. Mergulham em um ou mais falsos começos. Inicialmente se convencem de que desejam uma mudança, mas esta nunca acontece. Diversos padrões de comportamento poderão anular seus esforços para contratar um integrador. Talvez encontre medo ou resistência, negue o impacto das próprias ações, engane a si mesmo sobre o que está disposto a fazer para que a mudança aconteça ou perceba que, na verdade, deseja permanecer pequeno e desistir do crescimento. Se não estiver pronto, é admirável admitir isso. Ser honesto consigo mesmo é sem dúvida preferível a embarcar em falsos começos. Alguns visionários não estão prontos. Alguns nunca estarão. Não deixe que este livro o obrigue a fazer algo para o qual não está preparado – ou que não seja adequado a seu caso.

DURANTE

O marco dos noventa dias

Já dissemos que um processo de integração eficaz maximizará as chances de uma integração bem-sucedida. Os primeiros noventa dias são críticos. Portanto, durante esse período use todos os recursos necessários para construir uma base sólida para seu integrador.

Um de nossos clientes pediu ao novo integrador que passasse os primeiros noventa dias apenas observando cada aspecto da empresa. Nas reuniões semanais, o integrador se manteve em silêncio. No último dia, o visionário entregou as rédeas para ele. Achou seu *modus operandi* muito eficaz.

A abordagem de "escutar primeiro" é poderosa por vários motivos. Principalmente porque ajuda a entender o funcionamento interno da empresa em vez de já administrá-la enquanto tenta aprender sobre tudo e todos. O desafio do visionário é ser paciente e continuar exercendo o papel de integrador nessa transição. Também é preciso lidar com a inquietude de não ter um retorno imediato do investimento.

A maioria dos visionários é impaciente demais para seguir essa linha, mas com certeza o integrador conhecerá melhor a empresa se apenas a observar durante algum tempo em vez de mergulhar de cabeça nas decisões. Acreditamos que nos primeiros noventa dias ele deve se concentrar em fazer perguntas.

O marco de um ano

O relacionamento V/I atinge o apogeu em média após um ano, um período natural de evolução. Ambos estão se conhecendo, adotando o Diagrama de Responsabilidades e as Cinco Regras. Reserve o tempo necessário para a aliança evoluir até configurar um relacionamento saudável e de alto rendimento.

Uma das duplas V/I mais eficazes é a de Michael Morse e John Nachazel, no escritório de advocacia de Mike Morse. Juntos, eles triplicaram o tamanho da empresa. Michael foi muito longe por conta própria, mas percebeu que dar o próximo salto exigiria um integrador. Na entrevista, a dupla citou algumas medidas adotadas para o relacionamento dar certo. Primeiro eles seguiram a estratégia da "lista de desejos". Michael registrou em sua mente cada ideia, preocupação, prioridade e problema, ou seja, tudo que esperava ver resolvido incorporando um integrador. Ele explicou: "John e eu trabalhamos com a lista todos os dias durante o primeiro ano." Essa lista não existe mais, pois a implementação completa do Diagrama de Responsabilidades e das Cinco Regras os ajudou a zerá-la.

LISTA DE DESEJOS DO INTEGRADOR DE MICHAEL MORSE

1. Gerenciar a mudança da sede para outra cidade, incluindo transporte e instalação de telefones, computadores, caixas e móveis.

2. Revisar as apólices de seguro comparando preços, empresas e coberturas: seguros dos colaboradores, de lojas e outros imóveis, imperícia, apólices de responsabilidade dos colaboradores.

3. Ajudar a analisar e a implementar um novo escritório em outra área, se possível.

4. Levantar os resultados de cada colaborador e analisar esses números, definindo metas adequadas para o próximo ano.

5. Configurar e implementar com qualidade o sistema de avaliação dos colaboradores.

6. Ajudar a criar sistemas melhores de bônus e compensações.

7. Revisar os arquivos dos colaboradores para garantir que todos estejam com a documentação adequada – assinada e arquivada. Conferir se todos os advogados assinaram contratos. Verificar se os contratos cobrem tudo.

8. Entender como lidamos com os arquivos. Quero tudo em discos para nos livrarmos dos custos de armazenamento. Descobrir o que temos armazenado e quando poderemos começar a jogar fora documentos antigos para economizar dinheiro. Talvez a metade do que temos, pois pagamos por caixa.

9. Garantir que o atendimento telefônico seja rápido e eficiente. Se isso não acontecer, descobrir por quê.

10. Averiguar se os valores fundamentais da empresa estão sendo incorporados por todos. Fazer um *brainstorming* para garantir que esses valores se tornem parte da vida diária na empresa.

11 Checar se as prioridades para noventa dias estão sendo cumpridas e ajudar quem estiver com dificuldade para fazer isso.

12 Ficar de olho na contabilidade. Revisar os extratos bancários. Conferir o dinheiro na conta, diária ou semanalmente.

13 Revisar a lista de fornecedores, controlando todas as contas a pagar. Começar a negociar e a procurar alternativas para serviços de cópias, postagem, de execução/arquivamento, etc.

14 Revisar e aperfeiçoar o uso do tempo dos novos colaboradores.

15 Descobrir o que pode tornar as secretárias mais eficientes e felizes.

16 Assegurar-se de que todos estejam trabalhando no máximo da capacidade – nada de preguiçosos.

17 Assegurar-se de que o escritório use o mínimo possível de papéis.

18 Entrevistar e comparar pessoas utilizando softwares de gerenciamento de tarefas. Contratar um colaborador novo para o escritório. Usar softwares de gerenciamento de tarefas para nos tornarmos mais eficientes.

19 Organizar o sistema do Word para torná-lo fácil. Provavelmente precisaremos de um software diferente.

20 Verificar se os clientes estão sendo informados sobre os casos pendentes. Acompanhar. Consultar os arquivos e verificar se isso está acontecendo. Checar se os advogados estão fazendo anotações apropriadas nos arquivos.

21 Manter um bom controle das equipes de advogados e assegurar-se de que trabalhem sem problemas. Conhecer a capacidade de cada pessoa.

22 Contribuir para o corte de custos.

23 Criar, organizar e gerenciar eventos trimestrais para a formação de equipes.

24 Revisar e negociar todos os contratos, incluindo os de publicidade.

25 Procurar oportunidades perdidas de conseguir novos negócios. Descobrir o que está e o que não está funcionando.

26 Ser meus olhos e ouvidos quando eu não estiver presente ou quando o restante da equipe executiva não estiver.

27 Encarregar-se de todos os registros de desempenho, ordens de serviço e informações financeiras. Interagir com nossos advogados e verificar os custos por atividade, quando necessário.

28 Realizar as reuniões trimestrais na época prevista.

29 Certificar-se de implementar o que for preciso no momento adequado.

30 Assegurar-se de que o pessoal da tecnologia e da internet seja o melhor que pudermos ter com o investimento feito.

31 Monitorar o que os outros colaboradores estão fazendo em seus sistemas por meio de um software já adquirido e implementado.

32 Administrar cada equipe. Comparecer a cada reunião de equipe. Certificar-se de que haja um bom *follow-up*. Garantir que as reuniões de equipe e a própria equipe funcionem sem problemas.

Michael admite: "No primeiro ano tive minhas dúvidas. Na verdade, estava convencido de que não funcionaria. Fiquei frustrado, desapontado, irado e desanimado. Nada acontecia suficientemente rápido. De repente, exatamente ao fim de um ano, disse baixinho para mim mesmo: 'Ele é bom mesmo nisso.'" Para Michael, foi difícil esperar um ano. Agora diz a qualquer visionário em busca de um integrador que "ninguém vai ser perfeito, então não caia na armadilha de pensar que a perfeição existe. Senão vai enlouquecer".

Com base em sua experiência, Michael também dá o seguinte conselho: "Sejam completamente abertos e honestos um com o outro, num clima de total confiança. Se um não gostar de algo que o outro fez, diga logo – não espere." Ele também recomendou que "conversem todos os dias" e "deixem o relacionamento evoluir".

Um fator importante que surpreende muitos visionários é que um bom integrador não precisa conhecer a atividade. John, o integrador de Michael, não sabia nada a respeito da área jurídica. Na maioria das vezes, um ótimo integrador pode aprender o ofício, mas vale lembrar que James Couzens, da Ford Motor Company, não entendia nada sobre o funcionamento de um carro. Ser um grande integrador depende mais da capacidade de administrar a energia humana do que de ser especialista no setor.

O visionário pode vivenciar um fenômeno que chamamos de remorso visionário. Após delegar algumas tarefas que executou durante muito tempo, às vezes sente que foi deixado de lado. O primeiro ano provavelmente trará turbulências – e a nova posição causará estranheza. Ele pode sentir que perdeu parte de sua identidade e que não está contribuindo no mesmo nível de antes. Não é verdade. Agora está em posição de contribuir em um nível ainda mais alto – de um modo para o qual é especialmente adequado. Mesmo assim, ainda pode ter tais sentimentos. Essa "deprê" em geral dura de seis meses a um ano. Um excelente conselho de John Pollock, outro cliente visionário, é: "Não confunda atividade com produtividade. Criatividade é produtividade – só que não parece, no começo."

A expressão "ser deixado de lado" foi dita por um visionário que se viu às voltas com seu relacionamento V/I no primeiro ano. Ele era o único dono da empresa. Ao contratar um integrador, os papéis de cada um não ficaram claros desde o início. O visionário interferia em qualquer aspecto sempre que tinha vontade. Sua intromissão era muito frustrante para as cinquenta pessoas da organização, principalmente para o integrador. Não era de surpreender que a empresa não crescesse havia anos. Depois que os papéis de cada um foram esclarecidos, o negócio começou a ganhar força.

Entretanto, mesmo com o crescimento, o visionário ainda se sentia um pouco inseguro. Só depois de um ano percebeu mesmo seu real valor. Começou, então, a aplicar sua criatividade em criar produtos revolucionários e internacionalizar a empresa.

DEPOIS

O "depois", na verdade, tem duas etapas. A primeira ocorre assim que o relacionamento V/I for incrementado, a empresa for bem e tudo indicar que continuará assim nos próximos anos. A segunda diz respeito a quando a empresa não vai bem. Vamos analisar uma de cada vez.

Primeira parte: quando dá certo. Se após um ano tudo estiver funcionando, continue trabalhando de acordo com o Diagrama de Responsabilidades e as Cinco Regras. Isso o conduzirá naturalmente ao Ciclo de Relacionamento V/I contínuo de planejar, executar, permanecer em sintonia, alinhar e repetir.

Dave Richards, integrador da Rossetti, descreve o relacionamento com Matt Rossetti, seu visionário, da seguinte forma: "A comunicação mútua tem sido uma dificuldade. Inerentemente temos visões distintas. Encaramos muitas questões de formas diferentes, mas começamos a aceitar isso e a gostar do fato de que nossos pontos de vista nos levam a um lugar melhor. Nossa comunicação melhora a cada dia. Durante algum tempo, quando discutíamos algum assunto, cada um expressava um ponto de vista e saía convencido do ponto de vista do outro, mas fazia o oposto do que o outro esperava. A transição para uma parceria de confiança foi gradual e produtiva. Ainda temos certas dificuldades de comunicação quando estamos na velocidade da luz em alguns projetos e não desaceleramos o suficiente para garantir um bom diálogo e clareza sobre o que está sendo feito."

Como já mencionamos várias vezes, outra das melhores duplas que já vimos, agora no sexto ano de relacionamento, é a de Randy Pruitt e Dave Bitel. Eles levaram a Randall Industries a saltar de 8,5 milhões dólares para 20 milhões de dólares de faturamento e o negócio continua crescendo. Em uma entrevista, deram algumas dicas para outras duplas V/I.

Dave, o integrador, disse: "O que faz o relacionamento funcionar tão bem é que colaboro com as ideias de Randy. Pode ser algum problema específico que precisamos resolver, um novo produto a desenvolver ou uma nova aquisição em potencial. Quando a ideia está definida, crio uma estratégia e os passos seguintes – que geralmente se tornam nossas prioridades para noventa dias." Dave também explica que, para ser um integrador eficaz, é preciso manter um equilíbrio adequado entre as questões "do negócio" e "no negócio". Ele diz que consegue isso adotando o Diagrama de Responsabilidades e as Cinco Regras.

De acordo com Dave, um dos maiores desafios de um integrador é gerenciar as expectativas do visionário. Segundo ele, os visionários têm o DNA certo para sonhar com "o que virá depois". Quando se fixam em uma nova ideia, querem concretizá-la rapidamente, o que exige algumas mudanças na organização. Por isso, o integrador precisa definir as expectativas adequadas para o visionário, garantindo a ele que sua ideia será executada, mas o prazo poderá ser mais longo do que imaginado.

Randy apresentou alguns *insights* igualmente úteis sobre a dinâmica V/I. Ele descreve suas três principais funções de visionário como: (1) paixão, (2) conhecimento do setor e (3) liderança. Admite que, ao concentrar a maior parte do tempo nessas três funções, seus desafios são se manter no caminho certo e focado, organizado e fora dos detalhes do negócio. Ele diz: "É isso que Dave me ajuda a fazer. Ele pega os projetos e os implementa, liberando meu tempo para me concentrar no negócio como um todo, não nos meandros. Ele permite que eu não me distraia com as operações diárias. Sem ele, teria mais estresse e menos tempo para trabalhar no crescimento da empresa."

Segunda parte: quando não dá certo. Infelizmente, a outra etapa do "depois" se refere à situação em que a relação V/I não funcionou. Às vezes acontece. Nosso apelo enfático é o seguinte: se não der certo da primeira vez, tente de novo e de novo! Aprenda tudo que puder com a experiência. Analise profundamente o que funcionou e o que não funcionou. Realize uma autópsia em cada componente da experiência e a trate como uma oportunidade de aprendizagem. Às vezes o visionário é a razão do fracasso do integrador. Esteja aberto para admitir isso e não deixe que seu ego o impeça de aproveitar a valiosa lição. Então levante, sacuda a poeira e – agora com a sabedoria da experiência – tente criar o relacionamento V/I que você deseja.

Tivemos vários clientes cuja primeira tentativa não funcionou. Um deles, na marca de um ano, chegou à conclusão de que sua dupla V/I não era suficientemente dinâmica e que não daria certo. Reconhece que não poderia ter tomado a decisão antes e que não poderia esperar mais. Na verdade, seu integrador agregou valor, mas não o bastante para justificar o custo financeiro. Ao tomar a difícil decisão, o cliente teve uma conversa muito franca com o integrador e deu a notícia. A reunião foi tão boa que eles conseguiram colocar em prática um plano de transição compensador para ambas as partes.

O visionário fez uma análise completa da experiência e um inventário das lições aprendidas. Com isso nas mãos, acabou encontrando a pessoa certa para a função.

CONCLUSÃO

Esta é nossa receita para ajudá-lo a maximizar seu relacionamento V/I. Como muitas mudanças que valem a pena, o caminho é simples, mas não é fácil. Nossa experiência com milhares de empresas mostra que funciona.

Adoramos empreendedores. Adoramos visionários e integradores. Vocês são nossa tribo, e o trabalho de nossa vida é ajudá-los a obter o que desejam de seus negócios. Acreditamos sinceramente que a dupla V/I é uma das descobertas mais poderosas para construir uma grande organização. Convidamos você a participar de nossa comunidade V/I em www.rocketfuelnow.com, em inglês, para ter acesso a ensinamentos, revelações e histórias que vão ajudá-lo a levar seu relacionamento V/I ao próximo nível. Conte conosco!

BÔNUS

No que interessa a nossos visionários, este livro já está completo. Se você é um visionário, já dispõe de tudo de que precisa para ter um ótimo relacionamento V/I. Mas, se quiser ir um pouco além, encontrará a seguir um capítulo bônus, a "cereja do bolo". Esse capítulo inclui quatro das ferramentas fundamentais que ensinamos a todos os clientes que utilizam nosso modelo operacional, o Sistema Operacional Empreendedor (SOE). Se deseja se preparar mais para incrementar seu relacionamento V/I e sua empresa, continue lendo. Se é um cliente do SOE ou leu *Ganhando tração*, de Gino Wickman, ou *Get a Grip* (Fique por dentro), de Gino Wickman e Mike Paton, o capítulo a seguir pode lhe oferecer uma revisão oportuna dessas ferramentas.

A CEREJA DO BOLO

AS CINCO FERRAMENTAS

QUATRO FERRAMENTAS ADICIONAIS

Existem centenas de ferramentas de gerenciamento e liderança disponíveis para empresários que pretendam melhorar seus negócios. Como visionário, você provavelmente já utilizou dezenas delas com resultados variados. Com o Diagrama de Responsabilidades – que vimos no Capítulo 4 – e as quatro ferramentas adicionais que veremos neste capítulo, este livro oferece cinco ferramentas. Elas estabelecem as bases para um relacionamento V/I saudável e injetarão uma poderosa carga de energia em sua empresa. São muito úteis e não exigem muito tempo de aprendizagem.

As cinco ferramentas
1. O Diagrama de Responsabilidades (abordado no Capítulo 4)
2. As Questões Centrais
3. O Mundo de Noventa Dias
4. A Reunião Semanal de Nível 10
5. A Tabela de Desempenho

Só cinco ferramentas. Adote-as para ter um relacionamento V/I sólido e uma empresa bem administrada. Vamos estudar uma de cada vez.

FERRAMENTA Nº 1: O DIAGRAMA DE RESPONSABILIDADES

Como você viu no Capítulo 4, o Diagrama de Responsabilidades define a melhor estrutura organizacional para sua empresa. Também consolida funções, responsabilidades e estruturas de relatórios, ajudando-o a concretizar suas ideias. Com as responsabilidades claras, você poderá consolidar seus projetos aplicando a ferramenta seguinte.

FERRAMENTA Nº 2: AS QUESTÕES CENTRAIS

Esta é uma ferramenta para você e sua cara-metade V/I ficarem 100% sintonizados em um projeto claro para a empresa. Boas decisões exigem clareza. Para encontrar a direção certa, você deverá responder às perguntas básicas a seguir. Quando souber quem você é, o que você é e para onde quer levar sua organização, terá uma bússola interna para guiá-lo em meio às tempestades que, com certeza, enfrentará ao longo do caminho.

Além de ser uma bússola interna, evitará 80% das possíveis "desconexões" sintomáticas se ambos não estiverem 100% alinhados. Embora seja vital que você e seu par estejam sintonizados nas respostas às perguntas a seguir (prioridade número um), recomendamos enfaticamente que a sua equipe de liderança também as responda. Isso criará mais adesão e permitirá um trabalho melhor.

Pergunta 1: Quais são seus valores fundamentais?

Os valores fundamentais definem quem você é, sua cultura, seus princípios orientadores e os ritos de passagem para a sua organização. Sabendo o que é mais importante, fica mais fácil controlar o leme do navio. Você permanece no rumo com menos esforço e navega para a frente. A resposta a essa pergunta é essencial porque, se você e seu par V/I não estiverem totalmente alinhados com esses valores, o relacionamento não será pleno e o negócio estará condenado ao fracasso.

Quando os valores fundamentais estão claros, todas as decisões de caráter pessoal se tornam simples. Quem não compartilha os valores fundamentais não deveria estar no seu negócio.

Se você ainda não definiu seus valores fundamentais e não sabe por onde começar, use a lista a seguir para estimular suas reflexões. Depois escreva de três a sete itens que, no seu entender, definem quem você e sua empresa realmente são (não o que desejaria que fossem). Uma boa regra é pensar em seus três melhores colaboradores e nas características que os tornam excelentes. Entre elas e as dos exemplos, você deve descobrir de três a sete valores fundamentais para si.

- É competitivo
- Faz o que é certo – mesmo quando dói
- É compassivo
- Tem sede de realização
- Incentiva as habilidades e a criatividade individuais
- Assume responsabilidades
- Preza o atendimento ao cliente acima de tudo
- Luta pela perfeição/Nunca está satisfeito
- Busca o autoaperfeiçoamento sempre
- Ajuda, antes de mais nada
- Busca o crescimento
- Preza o respeito mútuo
- Baseia as oportunidades no mérito, não em prerrogativas
- É criativo e imaginativo
- Não é cínico
- É humildemente confiante

- É determinado
- Impulsiona a si mesmo
- Tem sede de aprender
- É destemido
- Sempre encontra uma maneira de dizer sim
- Faz o que promete

Após descobrir os valores fundamentais que o definem, aplique-os em seu relacionamento V/I. Fale deles regularmente e os utilize para avaliar todos na empresa. Certifique-se de que cada membro da equipe adote esses valores e baseie suas decisões neles.

Pergunta 2: Qual é seu foco principal?

O foco principal é sua área ideal na empresa. Em que se destaca? O que ama fazer? Em que é ótimo? Quais são seus interesses? Por que a organização existe? Se você e sua equipe souberem a resposta a essa segunda pergunta, ela se tornará um mecanismo de filtragem e orientação de decisões. Se concluir que sua área ideal é a de saúde e bem-estar, por exemplo, e alguém o convidar para levar sua tecnologia ao setor petrolífero, pule fora!

Estabelecer seu foco principal permitirá tomar boas decisões e revigorar a empresa. Alinhando os colaboradores, processos e sistemas com o foco principal, você vai operar na zona ideal, fazer o que ama e sabe. Como resultado, verá com nitidez o que deveria (ou não) ocupar seu tempo. Esse nível de foco dá ao integrador clareza para direcionar os recursos e maximizar as oportunidades da empresa. Também evita que o visionário se distraia com ideias aparentemente brilhantes que fujam do foco principal.

Pergunta 3: Qual é a sua meta para dez anos?

Essa deve ser a principal meta de longo prazo da empresa. Como disse Yogi Berra [famoso jogador de beisebol]: "Tenha cuidado se não souber para onde está indo, porque pode não chegar lá." Muitos pares V/I com os quais trabalhamos têm dificuldade de pensar no que querem para daqui a dez anos, o que é um obstáculo real para tomar as melhores decisões.

Se o visionário deseja que a empresa seja quatro vezes maior dentro de dez anos e o integrador quer manter o tamanho atual, eles não estão sintonizados e não tomarão boas decisões em conjunto.

Vimos um cliente definir sua meta para dez anos e os sócios V/I perceberem que tinham objetivos totalmente diferentes. Um queria um crescimento rápido e outro estava satisfeito. Decidiram encerrar a sociedade e dividir a empresa. O sócio que desejava crescer trouxe um novo integrador. No ano seguinte, seu negócio teve faturamento e lucro excepcionais.

É essencial que ambos criem e concordem com uma meta de longo prazo (a maioria dos clientes escolhe dez anos, mas há quem prefira menos) mensurável e alcançável. Com essa meta definida, as decisões se mostrarão melhores.

Pergunta 4: Quem é seu cliente ideal e qual é a mensagem mais atraente para ele?

Tentar fazer de tudo para cada cliente atual ou potencial é uma forma de suicídio organizacional. Você não pode ser tudo para todos, nem precisa de todos, portanto, não deve querer todos. Esclareça o que está vendendo – em uma mensagem curta, simpática e simples – e decida quem é o cliente ideal para o seu produto ou serviço. Assim estabelecerá com quem deve (e não deve) fazer negócios. Isso, por sua vez, definirá com exatidão o tipo de cliente que pretende conquistar.

Esse nível de clareza permite que o integrador orquestre harmoniosamente todos os recursos e o visionário coloque toda sua energia criativa em uma compreensão mais profunda e rica do cliente, apresentando uma proposta de valor única e maximizando os resultados. Ambos terão condições de tomar as melhores decisões sobre marketing, vendas, treinamento e contratações para atrair e reter os clientes ideais.

Pergunta 5: Como você se imagina daqui a três anos?

A ideia é projetar uma imagem nítida de como sua empresa deveria estar após esse curto período. Se o visionário e o integrador puderem ver a mesma imagem e a energia de ambos estiver nessa direção, eliminarão pelo menos 50% da confusão, indefinição, dos atrasos e das más decisões que a maioria das equipes enfrenta.

Como a natureza dos negócios vem mudando rapidamente no século 21, um plano estratégico detalhado demais para mais de três anos tem pouco sentido. Muitas alterações podem acontecer nesse intervalo.

A projeção para três anos trará dois benefícios vitais. Primeiro, seu relacionamento V/I ficará 100% sincronizado, já que o projeto o forçará a avançar e esclarecer divergências. Em segundo lugar, você será capaz de compartilhar suas ideias com os colaboradores de modo que eles entendam, assim poderão decidir se querem fazer parte do projeto. Como disse Napoleon Hill: "Tudo que a mente de um ser humano pode conceber e acreditar, ela certamente pode alcançar." Assim que todos virem a Imagem para Três Anos, você poderá tomar decisões para chegar lá mais rápido do que sem ela.

Para criar sua imagem trienal, revise suas respostas às Questões Centrais 1 a 4. Depois selecione uma data três anos no futuro. Recomendamos vincular o projeto ao final de um ano-calendário, para facilitar a visualização.

Em seguida, determine o faturamento para esse período. Comece perguntando: Qual será o faturamento anual daqui a três anos? A resposta mostrará se você está em sintonia com a rapidez de crescimento que deseja. É natural que defina uma faixa, mas deverá estabelecer um número. Na maioria das vezes, o visionário tem objetivos mais altos do que o integrador. Imagine que a faixa esteja entre 20 milhões e 100 milhões de dólares. Em um caso concreto de um cliente, em uma ponta estava o visionário e na outra, o integrador. Dá para imaginar como essas visões de futuro eram diferentes? Elas não podem coexistir sem criar confusão e frustração. No fim, os dois chegaram a um acordo e estabeleceram uma meta de faturamento de 30 milhões de dólares.

Sua imagem trienal deve caber em uma página, com dois a quatro itens mensuráveis na parte superior (por exemplo, faturamento, lucro, margem) e cinco a 15 pontos descritivos que definam a imagem (grandes avanços, vitórias importantes no mercado, número de colaboradores, novos escritórios, novas ações de marketing, recursos adicionais, tecnologia, melhorias nos processos). Esses marcadores ajudam a descobrir e esclarecer quaisquer desconexões. Se você pensa em 10 milhões de dólares de faturamento, talvez imagine cem clientes entrando com 100 mil dólares cada um; seu par V/I pode estar pensando em mil clientes de 10 mil dólares. Embora ambos somem os mesmos 10 milhões, os modelos de negócios são muito diferentes em termos de como se constrói a infraestrutura, qual o tamanho dos clientes em potencial e quem deve ser contratado. É preciso criar uma imagem para começar a tomar decisões. Detalhes assim devem ser incluídos em sua Imagem para Três Anos.

Pergunta 6: Qual é o seu Projeto para Um Ano?
Agora vamos trazer seu projeto de longo prazo para a realidade concreta, ou seja, decidir o que deverá realizar durante um ano.

Lembre-se que menos é sempre mais. A maioria das empresas comete o erro de tentar atingir muitos objetivos por ano, mas seus dirigentes acabam realizando pouco e ficam frustrados. Quando tudo é importante, nada é importante. Esta abordagem obriga você a se concentrar em apenas alguns objetivos, o que permitirá, no fim, realizar mais. Este é o poder do foco: cria impulso.

Para criar seu Projeto para um Ano, escolha a data futura. Como já dissemos, recomendamos sincronizar a data com o ano-calendário, ou com o ano fiscal, independentemente do momento em que estiver. Se for julho, defina a data futura como 31 de dezembro. Depois você fará planos anuais completos. Contar com um plano parcial no primeiro ano permite que você ganhe alguma experiência com o processo.

Assim como você fez com a Imagem para Três Anos, estabeleça os números. Qual é a sua meta de faturamento anual? Qual é a sua meta de lucro? O que é mensurável? Esses números devem ser coerentes com a Imagem para Três Anos.

Com a Imagem para Três Anos em mente, debata e escolha de três a sete prioridades a serem concluídas no ano em curso para que você esteja no caminho certo. Elas serão seus objetivos, que precisam ser específicos, mensuráveis e alcançáveis. Não deixe nada solto. Um estranho deve ser capaz de ler e entender.

"Alcançável" significa que é factível. Definir metas irreais é a maior armadilha em que os empresários caem. É preciso acreditar que é possível atingir o objetivo. Caso contrário, não será possível atribuir responsabilidades por um eventual fracasso. Se todas as metas forem "esticadas", como saber o que é sucesso? Metas são definidas para serem alcançadas.

Seu plano anual deve caber em uma página, conter de dois a quatro objetivos mensuráveis no topo (por exemplo, faturamento, lucro, margem) e incluir três a sete objetivos para o ano (mais perto de três).

Com esse plano, você terá respondido à última das Questões Centrais.

Para resumir esta ferramenta, responder às Questões Centrais será a base para simplificar a tomada de decisões – pois a dupla V/I obterá clareza, discernimento e orientação para tomar decisões eficientes e dinâmicas.

Com o projeto definido, dê uma nova olhada no Diagrama de Responsabilidades do Capítulo 4. Você e seu par V/I deverão estar totalmente de acordo e acreditar que há 100% de alinhamento entre projeto e estrutura. Poderemos, então, avançar para as ferramentas 3 a 5.

FERRAMENTA Nº 3: O MUNDO DE NOVENTA DIAS

As duas primeiras ferramentas lançaram as bases. As três últimas o ajudarão a obter um enorme impulso para finalmente realizar o projeto. Ao mesmo tempo, você manterá seu relacionamento V/I forte e sincronizado enquanto ambos trabalham juntos na execução das tarefas cotidianas. Com um projeto e um arcabouço claros, você estará pronto para organizar prioridades de curto prazo.

O nome desta ferramenta remete ao fato de que noventa dias é o tempo médio em que os seres humanos conseguem manter-se intensamente concentrados em algo. Por isso, é o prazo perfeito para repassar e reavaliar prioridades. A outra razão é que as relações de trabalho começam a se desgastar a cada noventa dias. Portanto, o momento em que tudo vai ficando caótico e as pessoas vão perdendo a sincronia é perfeito para vocês voltarem a se reunir. Sessenta dias é muito cedo e 120 é tarde demais. Como cada ano tem quatro trimestres de noventa dias, é mais fácil se reunir e definir prioridades trimestrais.

O participante de uma sessão ilustrou a vantagem de estabelecer prioridades a curto prazo. Na época em que sua família colhia algodão à mão, eles ficavam à margem dos campos, olhando para hectares e mais hectares de plantação, e se sentiam oprimidos com o trabalho pela frente. Para tornar a perspectiva menos assustadora, um líder do grupo arremessou um pedaço de pau o mais longe que pôde e disse: "Vamos trabalhar só até chegar a ele." Todos abaixaram a cabeça e colheram algodão até lá. Depois arremessaram o pau de novo e repetiram o processo.

O Mundo de Noventa Dias utiliza o mesmo conceito. Em vez de se sentir sobrecarregado com a monumental tarefa de atingir sua meta de três ou dez anos, a imagem de noventa dias permite que você divida as metas em partes pequenas e se concentre em chegar ao fim do trimestre.

Estabeleça apenas de três a sete prioridades para a empresa nos noventa dias seguintes. Você pode chamá-las como quiser – objetivos, iniciativas ou prioridades mesmo. Preferimos o termo "pedras", popularizado por Verne Harnish, que o pegou emprestado da ilustração de gerenciamento de tempo usada por Stephen R. Covey em seu livro *Primeiro o mais importante*.

Covey ilustra o conceito assim: imagine um recipiente de vidro cilíndrico sobre uma mesa, com pedras, cascalho, areia e um copo com água ao lado dele. O recipiente representa todo o tempo que você tem em um dia (ou "trimestre", no caso). As pedras são suas prioridades, o cascalho representa suas responsabilidades cotidianas, a areia corresponde às interrupções e a água é todo o restante que o afeta em um dia de trabalho. Se você, como a maioria das pessoas, colocar a água, a areia, o cascalho e as pedras nessa ordem, o que acontecerá? Essas grandes prioridades não caberão no recipiente. Se um dia seu costuma ser assim, você nunca fará o que é importante.

Mas o que acontecerá se fizer o contrário? Trabalhe primeiro nos temas grandes: coloque as pedras. Em seguida vêm as responsabilidades do dia a dia: adicione o cascalho. Agora jogue a areia, as interrupções. Por fim, despeje a água. Tudo caberá perfeitamente no recipiente de vidro; tudo se encaixará no seu dia e o que é importante será realizado a cada trimestre. O ponto principal é que você precisa trabalhar primeiro nas maiores prioridades – as pedras (prioridades de noventa dias). O resto se encaixará.

Assim que seu projeto estiver claro, definir as prioridades de noventa dias ficará mais simples. Para estabelecê-las, vocês deverão se reunir a cada noventa dias. Não é só você que deve ter prioridades de noventa dias; cada membro da equipe de liderança deve ter também. A razão para limitar as prioridades em até sete é que você quebrará o hábito de tentar abordar tudo ao mesmo tempo, o que é impossível. Você se concentrará no principal. Lembre-se do ditado: "Quando tudo é importante, nada é importante." Com a concentração em um número limitado de temas, os resultados serão melhores. Nas palavras de Dan Wallace, um implementador certificado do nosso sistema operacional: "Faça menos, mas faça melhor."

Conduza sua empresa definindo prioridades de noventa dias, que criam um foco de curto prazo. Ao conduzir tudo para apenas uma direção, ganhará o poder e o foco de um raio laser, além de mais impulso rumo a seus objetivos.

FERRAMENTA Nº 4: REUNIÃO SEMANAL DE NÍVEL 10

Com a Reunião Semanal de Nível 10 você praticará a disciplina de comunicação que chamamos de "manter os círculos conectados". Imagine dois aros lado a lado, não muito diferentes dos grandes aros de aço que os mágicos unem e separam naquele truque popular. Cada um representa uma parte da dupla V/I. O objetivo é manter vocês dois conectados, mas não excessivamente – o que seria sufocante. Os círculos unidos em um relacionamento V/I garantem a sincronia e eliminam possíveis problemas. Dito de outra forma, quando eles estão separados, algo ruim vai acontecer. Não porque uma das partes seja ruim, mas porque "longe dos olhos, longe da mente".

A Reunião Semanal de Nível 10 é um encontro crucial que ensinamos a todos os clientes e é adotada por milhares de empresas. Como já mencionamos, os visionários podem ter dificuldade de delegar certas funções. Dominar esta ferramenta lhes permite fazer isso, mesmo que ainda se sintam conectados ao seu par V/I, à equipe de liderança e à organização.

A ferramenta dá continuidade ao processo de manter o projeto com os pés no chão. Só que agora reduzimos o período de trimestral (noventa dias) para semanal, a fim de dar um impulso instantâneo que manterá o relacionamento V/I forte e ajudará você a executar o projeto. Quando as prioridades trimestrais forem definidas, reúna-se semanalmente para manter o foco, resolver problemas e se comunicar. A Reunião Semanal de Nível 10 é sua oportunidade de garantir que tudo esteja no caminho certo, porque, estando no caminho da semana, estará no caminho do trimestre; se estiver no caminho do trimestre, estará no caminho do ano – e assim por diante. Tal como um batimento cardíaco, ela cria um fluxo para a empresa continuar saudável. Ou seja, a Reunião Semanal de Nível 10 gera uma cadência consistente que mantém você e sua equipe em sintonia.

Sempre uma Reunião de Nível 10

Como você classificaria suas reuniões internas em uma escala de 1 a 10? A resposta de milhares de líderes é quase sempre algo entre 4 e 5. Não basta. A maioria das reuniões de negócios é fraca e pouco produtiva, e você possivelmente concorda com isso. Ao adotar a regularidade da Reunião de Nível 10, sua autoavaliação chegará a 10. A agenda dessa reunião é desenhada para o bem do relacionamento V/I e para manter a equipe de liderança focada no que é mais importante a cada semana. O principal é assegurar que os números e as prioridades para noventa dias estejam no caminho certo, e seus clientes e colaboradores, satisfeitos. Essa reunião é o modo mais eficaz e coerente de conseguir isso.

Uma Reunião Semanal de Nível 10 mantém você focado

no que de fato precisa ser feito e ajuda a identificar problemas em curso e a resolvê-los. Uma reunião é ótima quando resolve problemas. Patrick Lencioni explica: "Suas reuniões devem ser apaixonadas, intensas, profundas e jamais entediantes." Esta ferramenta foi desenvolvida porque vários clientes queriam saber como melhorar suas reuniões, ou seja, nasceu no mundo real. Os princípios orientadores baseiam-se na natureza humana.

A Reunião Semanal de Nível 10
- Quem: visionário, integrador e equipe de liderança completa
- Onde: sala de reuniões
- Duração: 90 minutos
- Frequência: toda semana
- Pré-trabalho: prioridades de noventa dias registradas em uma página; quadros de resultados preenchidos; Trilha de Resolução de Problemas (IDS – Identificar, Discutir, Solucionar) entendida por todos.

Agenda da Reunião Semanal de Nível 10
- Início (boas notícias)   (5 minutos)
- Quadro de resultados   (5 minutos)
- Revisão das prioridades de noventa dias   (5 minutos)
- Notícias sobre clientes/colaboradores   (5 minutos)
- Lista de tarefas   (5 minutos)
- IDS (lista de problemas)   (60 minutos)
- Conclusão   (5 minutos)

Duas funções são vitais na Reunião Semanal de Nível 10. Uma única pessoa deve conduzir o encontro (em geral o integrador), para que todos sigam a agenda e o objetivo. Outra pessoa deve assegurar que todos tenham diante de si uma cópia da agenda impressa, o quadro de resultados e um documento com as prioridades de noventa dias. As listas de tarefas e de problemas são atualizadas na agenda todas as semanas.

A reunião deve começar na hora. Vince Lombardi, técnico de futebol americano, era famoso por seu mantra de que "chegar cedo é ser pontual e chegar pontualmente é chegar atrasado". Chegue alguns minutos antes para começar a se concentrar. As únicas razões aceitáveis para alguém perder a Reunião Semanal de Nível 10 são férias ou doença grave. Mesmo que alguém não possa comparecer, a reunião acontecerá.

AGENDA DA REUNIÃO SEMANAL DE NÍVEL 10

- Início (boas notícias) (5 minutos)
- Quadro de resultados (5 minutos)
- Revisão das prioridades de noventa dias (5 minutos)
- Notícias sobre clientes/colaboradores (5 minutos)
- Lista de tarefas (5 minutos)
    * ___
    * ___
    * ___
    * ___
    * ___

- IDS (lista de problemas) (60 minutos)
    * ___
    * ___
    * ___
    * ___
    * ___

- Conclusão (5 minutos)
    * Recapitular a lista de tarefas
    * Mensagens
    * Classificação de 1 a 10

A lista de tarefas e a lista de problemas de IDS devem ser incluídas na agenda impressa (consulte o layout da pág. 158). Trata-se de um documento dinâmico em que novas tarefas e novos problemas são adicionados e eliminados a cada semana. A agenda deve caber em uma folha. Não é mais necessário fazer atas de reunião. São relíquias do passado. Se você quiser saber o que foi abordado, consulte a agenda da semana em que ocorreu.

Início. A primeira fase da reunião deve preparar o terreno para um encontro produtivo. Como equipe, cada um conta boas notícias (pessoais e profissionais). Esse aquecimento permite outro nível de interação. Todos os dispositivos eletrônicos devem ficar fora da mesa para que cada participante se desligue, respire fundo, mude de ritmo e se conecte em um nível pessoal. Um comentário pessoal e humanizado pode favorecer a saúde mental de todos. Por exemplo, um dos líderes pode contar: "Meu pai, que tem 87 anos, passou um tempo com a gente na semana passada. Foi muito divertido ver as crianças interagindo com ele. Ele adora ouvir sobre o mundo delas – e elas não se cansam das histórias dele." Um relato assim lembra que todos são seres humanos tentando criar algo grande.

Essa parte da agenda não deve durar mais de 5 minutos.

A fase seguinte é focada em "relatório e identificação de problemas" e abrange três segmentos: tabela de desempenho, prioridades de noventa dias e notícias sobre clientes e colaboradores.

Tabela de desempenho. A revisão dessa tabela (que vamos ajudá-lo a criar na Ferramenta nº 5) é uma oportunidade para o visionário, o integrador e a equipe de liderança completa examinarem entre cinco e 15 pontos baseados nas atividades mais importantes da organização, assim como garantir que todos estejam no rumo certo para a semana. Quaisquer números fora do previsto são "deslocados" para a parte IDS da reunião, que é a lista de problemas. Evite qualquer discussão aqui. A fase de relatório deve apenas identificar as áreas problemáticas. A maior armadilha para a maioria das equipes é que elas começam a discutir e a tentar resolver qualquer problema descoberto ainda nessa etapa. Combata esse impulso e seja disciplinado. Isso manterá a reunião nos trilhos. Haverá bastante tempo para discutir e resolver problemas durante a fase IDS, pois o processo será muito mais produtivo quando você abordar todos os problemas de uma vez – em ordem de prioridade. A revisão da tabela de desempenho não deve levar mais de 5 minutos.

Revisão das prioridades de noventa dias. Aqui cada pessoa relata se sua prioridade está "no rumo certo" ou "fora do rumo" – neste caso, será deslocada para a parte IDS. Nada de discussões por enquanto – elas ocorrerão mais tarde. "No rumo certo" significa simplesmente que o responsável pela prioridade acha que a cumprirá até o final do trimestre. Se uma prioridade estiver no rumo certo, mas alguém quiser uma atualização ou duvidar do rumo, ela deve ser deslocada para o segmento IDS. A revisão das prioridades de noventa dias não deve durar mais de 5 minutos.

Notícias sobre clientes ou colaboradores. Aqui são discutidas notícias da semana, boas ou ruins, sobre quaisquer clientes ou colaboradores. Por exemplo, "Joe, nosso melhor cliente, está feliz com o trabalho da semana passada" ou "Darla está chateada com a decisão sobre o novo programa de benefícios". Qualquer boa notícia para um cliente ou colaborador é momento para um tapinha nas costas. Quaisquer problemas, más notícias ou preocupações que precisem ser analisados devem ser deslocados para a parte IDS da agenda. Algumas empresas têm um sistema formal de feedback para clientes e/ou colaboradores. Se sua organização faz isso, é o momento para discutir os problemas. Notícias sobre clientes ou colaboradores não devem levar mais de 5 minutos.

Após a fase de relatórios, passamos para a fase de responsabilidades – fechando o ciclo de compromissos assumidos na reunião da semana anterior.

Lista de tarefas. Aqui são revisadas as tarefas acordadas na reunião da semana anterior e cada pessoa assume a responsabilidade pelo cumprimento das que lhe couberam. A incorporação desse item leva a melhores resultados como equipe. Por exemplo, "Vou ligar para a gráfica amanhã", "Vou despachar isso esta semana" ou "Todos os clientes em potencial da lista serão contatados até sexta-feira". Classifique rapidamente cada item do ponto de vista de "concluído" ou "não concluído". Se a tarefa estiver concluída, risque-a. Se não, deixe-a. Regra de ouro: 90% das tarefas devem ser "concluídas" toda semana. Qualquer resultado menor é sinal de problema de responsabilização.

Após passar rapidamente pelos relatórios e responsabilidades, estamos prontos para a fase de resolução de problemas, que deve ocupar a maior parte do tempo todas as semanas.

IDS (Identificar, Discutir, Solucionar). É aqui que a mágica acontece: é hora de abordar sua lista de problemas. Esta fase toma sempre a maior parte das reuniões: 60 dos 90 minutos. Em média, de três a cinco problemas da lista da reunião anterior não terão sido resolvidos. Haverá também as questões adicionais inseridas na lista após a revisão do quadro de resultados, das prioridades de noventa dias, das notícias sobre clientes e colaboradores e da lista de tarefas. É normal adicionar de cinco a dez novos itens por semana, de modo que a nova lista de problemas terá algo entre cinco e 16 problemas.

Embora sua lista de problemas esteja na agenda, também pode escrevê-la em um quadro branco ou um *flipchart* na sala de reuniões. Muitos clientes disseram que isso aumenta a participação e o interesse, em comparação com quando todos se limitam a acompanhar pelas agendas individuais.

Para lidar com os problemas, numere-os em ordem de importância. Aborde sempre os três mais relevantes, sem seguir a ordem da lista, porque às vezes o mais importante está lá no fim. Ao relacionar os problemas por prioridade, além de resolvê-los, você poderá descobrir que alguns dos outros eram apenas sintomas desses e, portanto, desaparecem automaticamente.

Comece com o primeiro seguindo a Trilha de Resolução de Problemas: Identificar, Discutir e Solucionar (IDS, tema abordado no Capítulo 5, Regra nº 3). Em seguida, vá para o número dois, depois para o três e, por fim, aborde os problemas ainda em aberto. Em algumas reuniões, você conseguirá resolver apenas um problema. Em outras, talvez mais de dez. Nunca se sabe. Mas, se os classificar por prioridade, estará lidando com eles na ordem certa.

Depois que o problema é identificado, discutido e resolvido, a solução costuma se tornar um item da lista de tarefas. Você pode resolver mais um, dois ou três problemas como resultado da solução do anterior. Na reunião da semana seguinte, deverá informar se as tarefas foram de fato cumpridas e se o problema foi resolvido. Caso contrário, as equipes tendem a deixar os problemas se arrastarem durante dias, semanas e até meses se não houver a necessidade de confirmar que as medidas acordadas foram realizadas.

Seguir a Trilha de Resolução de Problemas mantém a equipe focada no que é importante e evita a perda de tempo com assuntos que alguns podem considerar prioritários, mas não são. Essa parte vital da reunião precisa ser apaixonada, intensa, profunda – nada de tédio. Ninguém deve fazer campanha por uma causa; as discussões devem ser abertas e honestas, com todos lutando por um bem maior (o projeto da empresa). Resolvidos os principais problemas da semana, o sentimento de realização será enorme.

Conclusão. Faltando 5 minutos para o término, comece a concluir a reunião. É sua oportunidade de abordar tudo que foi discutido e garantir que não ficaram pontas soltas.

A conclusão tem três partes. Primeiro recapitule a nova lista de tarefas e certifique-se de que todos anotaram suas incumbências para os próximos sete dias. Essa etapa reforça as responsabilidades. Depois pergunte se alguma mensagem precisa ser comunicada à empresa com base nas decisões tomadas. Combine quem vai comunicá-la, quando e por qual meio. Isso reduzirá bastante eventuais problemas de comunicação anteriores, como pessoas surpreendidas por mudanças.

A terceira parte é obter um feedback instantâneo a respeito de como você está se saindo – peça que todos façam uma avaliação de 1 a 10, sendo 10 a melhor pontuação. O padrão mínimo de qualidade é 8 – progredindo rapidamente para 10 (daí o nome Nível 10). A reunião lhe dará oportunidade de se autocorrigir, já que sempre pedirá que as avaliações inferiores a 8 sejam explicadas.

A reunião deverá terminar pontualmente para evitar o atraso de outros compromissos e a sobrecarga das agendas.

Os cinco pontos da Reunião Semanal de Nível 10

Uma Reunião Semanal de Nível 10 produtiva deve satisfazer os cinco critérios relacionados a seguir:

1. Ser realizada todas as semanas no mesmo dia
2. Ser realizada sempre no mesmo horário
3. Ter a agenda também impressa
4. Começar na hora
5. Terminar na hora

Agendar as reuniões todas as semanas sempre no mesmo dia

e horário cria uma rotina que facilita o planejamento de todos. Usar a mesma agenda desencoraja a reinvenção da roda; se uma agenda funciona, atenha-se a ela. Além disso, uma agenda funcional contribui para reuniões produtivas. Comece no horário, já que os atrasos sempre prejudicam a resolução de problemas – o ponto mais importante na reunião. Termine no horário para não atrasar as reuniões seguintes.

Seja paciente com as Reuniões Semanais de Nível 10. As primeiras parecerão estranhas, mas, depois que se habituar, você ficará bem à vontade. O nível de harmonia, comunicação e resultados da equipe aumentará visivelmente.

Ao definir as prioridades para noventa dias e implementar a Reunião de Nível 10, você criará um mundo de noventa dias e um foco semanal, além de manter os círculos do visionário, do integrador e da equipe de liderança. Ganhará um grande impulso em direção ao seu projeto e atuará como as duplas V/I bem-sucedidas. Suas frustrações começarão a diminuir e você progredirá no caminho de levar sua empresa do caos para funcionar como uma máquina bem lubrificada.

FERRAMENTA Nº 5: A TABELA DE DESEMPENHO

A última ferramenta V/I é a Tabela de Desempenho. Com ela o integrador assume responsabilidades e o visionário controla a empresa. Essa poderosa ferramenta permite que ambos realmente se concentrem no que fazem melhor.

De acordo com uma velha máxima empresarial, tudo que é medido e observado melhora. O conceito de gerenciamento pela Tabela de Desempenho existe há muito tempo, com nomes diferentes: painel, relatório instantâneo, métricas, relatório de atividade, indicadores-chave de desempenho, números inteligentes e assim por diante. Seja qual for o nome, a Tabela de Desempenho contém diversos números que informam rapidamente como vai a empresa.

Infelizmente, muitas duplas V/I não utilizam tabelas de desempenho e, portanto, não têm números baseados em ações que possam revisar regularmente. Existe a possibilidade de confiar em um relatório P&L, mas já será tarde demais para tomar medidas corretivas importantes. Um relatório de prejuízos e lucros é apenas um indicador. Os dados vêm depois dos fatos e não se pode mudar o passado. Com a Tabela de Desempenho, no entanto, é possível alterar o futuro.

Para desenvolver e implementar uma Tabela de Desempenho eficaz, conheça sete verdades que você e seu par V/I deverão aceitar, bem como os seis fundamentos que tornam uma tabela de desempenho eficaz.

As sete verdades da Tabela de Desempenho – você precisa acreditar que...

1. O que é medido é feito.
2. O gerenciamento de métricas economiza tempo.
3. Uma Tabela de Desempenho traz previsibilidade.
4. Deve inspecionar aquilo que espera que seja feito.
5. *Pode* assumir responsabilidades em uma cultura confiante e saudável.
6. A dedicação, a disciplina e a coerência necessárias para administrar uma Tabela de Desempenho exigem muito trabalho, mas valem a pena.
7. Uma única pessoa deve ser responsável pela Tabela de Desempenho.

Os seis fundamentos da Tabela de Desempenho

Para que uma Tabela de Desempenho seja eficaz, estes fundamentos devem estar em vigor:

1. A tabela será revisada, junto com a equipe de liderança, na Reunião Semanal de Nível 10.
2. Ela conterá de cinco a 15 itens.
3. Haverá um responsável por cada item mensurável.
4. Haverá uma meta semanal para cada item mensurável.
5. Se a meta semanal não for atingida, passará a ser um problema na Reunião Semanal de Nível 10.
6. É possível visualizar rapidamente treze semanas de números (o que ajuda a detectar padrões e tendências).

Caso acredite nessas sete verdades e adote fielmente os seis fundamentos, você verá o poder da Tabela de Desempenho. Com o tempo, ela se tornará um radar de detecção de problemas que o levará a fazer as perguntas certas no momento certo. Assim, estará sempre posicionado para diagnosticar e agir – muito antes do que ocorreria sem a tabela.

Veja a seguir um modelo de Tabela de Desempenho.

QUEM	MENSURÁVEL	META	\multicolumn{13}{c}{SEMANAS}
			1	2	3	4	5	6	7	8	9	10	11	12	13
Sue	Novos contatos	36													
Sue	Reuniões iniciais de vendas	12													
Sue	Propostas	4													
Sue	Propostas (R$)	300 mil													
Sue	Fluxo de 30 dias	1,5 milhão													
Sue	Contratos	2													
Sue	Contratos (R$)	150 mil													
Evan	Projetos atrasados	1													
Evan	Projetos acima do orçamento	1													
Evan	Defeitos apontados por clientes	0													
Evan	Taxa de utilização	80%													
Carol	Saldo de caixa	75 mil													
Carol	Contas a receber	< 30 mil													
Carol	Erros de faturamento	0													

Criar sua Tabela de Desempenho é simples. Use o modelo da página anterior e faça um *brainstorming* para encontrar de cinco a 15 atividades que devem ser revisadas semanalmente. Escolha números que lhe deem uma noção do que está ocorrendo, bem como a capacidade de prever os resultados futuros de faturamento, lucro, satisfação do cliente e produtividade. Depois adicione a meta semanal que espera para cada item e a pessoa responsável por atingi-la. Seja paciente, pois sua tabela só se transformará na ferramenta que você espera depois de um a três meses.

Com a Tabela de Desempenho criada, as outras ferramentas instaladas e a adoção das Cinco Regras aprendidas no Capítulo 5, você terá uma infraestrutura para o relacionamento V/I de modo a chegar à raiz de quase todos os problemas V/I e resolvê-los. Acredite plenamente na implementação dessas Cinco Ferramentas e no cumprimento das Cinco Regras. Os resultados falarão por si.

Poderíamos ter descrito os mais de duzentos problemas enfrentados por visionários e integradores em um livro de 500 páginas. Para economizar uma enorme quantidade de tempo e detalhes, levamos você diretamente à origem e à solução de todos esses problemas – por meio de apenas Cinco Ferramentas e Cinco Regras.

Se estiver interessado em um verdadeiro manual de instruções para implementá-las em sua organização, consulte os seguintes recursos adicionais: os livros *Ganhando tração*, de Gino Wickman, *Get A Grip*, de Gino Wickman e Mike Paton, além de diversos outros recursos úteis disponíveis em www.eosworldwide.com.

AGRADECIMENTOS

Este livro não teria sido possível sem a ajuda e a orientação das pessoas que mencionamos a seguir. Nunca seremos capazes de agradecer devidamente seu impacto em nossas vidas, nosso trabalho e nesta publicação.

FAMÍLIA E AMIGOS DO GINO

Em meus livros anteriores, agradeci a todas as muitas pessoas que fizeram parte da criação da SOE. Agora gostaria de agradecer a quem contribuiu para a descoberta da dupla visionário/integrador e tornou este livro possível.

Kathy, minha mulher, por ser uma parceira tão solidária. Obrigado por apreciar e compreender meus caminhos empreendedores. Você é maravilhosa, realista e criativa. Eu te amo profundamente.

Alexis e Gino, meus dois filhos incríveis. Vocês são a luz da minha vida, me mantêm humilde, sempre me lembrando de como a vida realmente é. Palavras não podem descrever meu amor e meu orgulho de vocês dois.

Linda Wickman, minha mãe, por me inspirar com sua força e sua sabedoria, por nossas conversas e por sempre fazer com que eu me sinta tão amado.

Floyd Wickman, meu pai e um dos grandes visionários de nosso tempo. Você é a personificação deste trabalho. Obrigado por ser um grande pai, professor, mentor e confidente. E também por me dar a oportunidade de ser seu integrador, criando o terreno fértil para este livro.

Sam Cupp, meu mentor de negócios. Obrigado por me ensinar a maior parte do que sei sobre negócios e por me apresentar ao conceito de visionário. Sua morte inesperada foi uma grande perda para as muitas vidas que você tocou. Sinto muito sua falta.

Michael Gerber, o guru original das pequenas empresas. Obrigado por seu trabalho inovador, por ser um pioneiro e por mencionar a palavra "integrar". Ela me proporcionou essa centelha.

Karen Grooms, a melhor assistente do mundo. São vinte anos alucinados juntos. Obrigado por segurar as pontas e sempre me fazer ficar bem; sei que não é fácil. Você é única, e sou muito grato.

Mark C. Winters, meu coautor. Foi um enorme prazer criar este trabalho importante juntos. Você pegou o que teria sido bom e o tornou ótimo.

Equipe de liderança mundial do SOE (Don Tinney, Amber Baird, Lisa Hofmann, Tyler Smith e Ed Callahan), por conduzirem o barco, permitindo que eu permanecesse no modo de criação.

Meus 126 clientes, por 15 anos confiando em mim para ajudá-los a construir grandes empresas e me deixando "praticar" um pouco com vocês. A descoberta da dupla visionário/integrador foi consolidada por meio de nosso trabalho conjunto.

Meu editor Glenn Yeffeth, da BenBella Books. Depois que meu primeiro livro foi rejeitado por mais de trinta editoras, você apostou em mim e o publicou. Obrigado por seu total compromisso com minha causa e por publicar meus últimos três livros com fé e disposição de "vestir a camisa", o que me deu muita confiança e liberdade para ser criativo. Nosso relacionamento é realmente vitorioso.

FAMÍLIA E AMIGOS DO MARK

Beth, minha mulher forte e maravilhosa. Obrigado por me dar liberdade para ser eu mesmo e levar adiante minhas pesquisas empresariais. Obrigado por acreditar em mim e ser minha parceira durante toda a jornada – mesmo quando não fazia muito sentido. Obrigado por ser uma mãe tão boa para nossos três filhos. É uma grande sorte ser seu marido.

Austin, Blake e Carson, meus filhos incríveis. Vocês me fizeram mudar mais do que podem imaginar. Se meu mundo tem tanto significado, é por vocês, que me tornaram humilde, me fizeram rir, me apavoraram e renovaram minhas esperanças. A dor de vocês me machuca profundamente e a alegria me alegra mais ainda. Vocês me tornam melhor. É uma grande sorte ser o pai de vocês.

Dr. Richard L. Winters, meu pai. Não poderia ter tido um modelo melhor. Obrigado por me mostrar o caminho para uma vida com propósito. Obrigado por sempre acreditar em mim e me dizer que "com dedicação, não há nada que você não possa fazer". Sempre senti que era sincero – então acreditei. É uma grande sorte ser seu filho.

Joyce Winters, minha mãe. Obrigado por todas as pequenas atenções que teve comigo. E por seus abraços – como me fazem falta. Não consigo imaginar uma criança sentindo mais amor do que eu; e você sempre me incentivou a dar o melhor de mim. Ainda vejo seu doce sorriso da última vez que segurei sua mão. Sinto sua falta. É uma grande sorte ser seu filho.

Richard B. "Rick" Winters e Cindy Winters Gilmore, meus irmãos mais velhos. Obrigado por me amarem tanto. Vocês sempre cuidaram de mim e me desafiaram. É reconfortante saber que, se precisar de alguém, estarão comigo. Obrigado por me darem um exemplo tão bom. É uma grande sorte ser seu irmão mais novo.

Gino Wickman, meu mentor, coautor, parceiro e amigo. Você literalmente mudou minha vida. Graças a você, encontrei minha verdadeira vocação e agora posso dedicar mais tempo a ela do que a qualquer outra questão. Você me desafia a dar o melhor de mim porque é isso que também faz. Aprendi muito neste projeto, que me parece apenas a ponta do *iceberg*. É uma grande sorte ser seu amigo.

COLABORADORES

Colaboradores visionários/integradores: Scott Bade, Richard Baker, Dave Bitel, Stephen Blocki, Nathan Bohannon, David Bristol, Milli Brown, Curtis Burstein, Jorge Camargo, Darton Case, Del Collins, Matt Coscia, Ellyn Davidson, Joe DeMaria, Paul Dietz, Michael Dresden, Rob Dube, Eric Ersher, Patrick Fehring, John Glover, Scott Goemmel, Doug Hamburger, Tim Haugh, Link Howard, Dan Israel, Jason Kos, Roxanne Laney, Jeff Lau, Leonard Lynskey, Joe Mackey, Keith Meadows, John Nachazel, Florian Oger, Joel Pearlman, Geoff Piceu, Randy Pruitt, Dave Richards, Will Rosellini, Matt Rossetti, Renee Rouleau, Sam Rozenberg, Marc Schechter, Bob Shenefelt, Eugene Sherizen, Richard Simtob, Jared Sloane, Brandon Stallard, Rob Tamblyn, Jason Teshuba, Mike Uckele, Keith Walters e Rick Webster.

Leitores do manuscrito: Scott Bade, Steven Bailey, Steve Barone, Matt Bartel, Matt Bergstrom, Stephen Blocki, Rene Boer, Mark Bowlin, Paul Boyd, Linda Bryan, Darton Case, Jeff Connelly, Jim Coyle, Matt Curry, Mark D'Andreta, Hamsa Daher, Ellyn Davidson, Len "Zack" DiGrande, John Dini, Michael Dresden, CJ Dube, Rob Dube, Rob Dubois, Patrick Fehring, Teresa Finn, Tom Giftos, Chris Glick, John Glover, Jeff Goodstein, Chelsea Green, Amy Guinan, Clint Hooper, Dan Israel, Donald

Janacek, Ron Johnsey, Darin Klemchuk, Dan Kosmalski, Robb LaCasse, Jeff Lau, James Leneschmidt, Leonard Lynskey, Duane Marshall, Eve Mayer, Keith Meadows, Michael Morse, John Nachazel, Andrew Nehra, Mike Nehra, Sean O'Driscoll, Piyush Patel, Cindy Phillips, Geoff Piceu, John Pollock, Dave Richards, Matt Rossetti, Todd Sachse, Jonathan Smith, Brandon Stallard, Shannon Streater, Jason Teshuba, Don Tinney, Michael Visentine, Keith Walters, Floyd Wickman, Jason Williford, Austin Winters e Jason Zimmerman. Agradecemos seu precioso tempo e seu valioso feedback. Vocês serão para sempre uma parte deste livro.

Outros colaboradores: Walt Brown, Mark Abbott, Pavan Muzumdar, Jason Williford, Mike Frommelt, CJ Dube, Mike Paton, Jim Beauchamp, Dan Wallace, Adam Kaplan, Steve Glisky, David Kohl, Gary Walstrom, Rob Fricker, Kevin Soboski, Matthew Carnicelli da Carnicelli Literary Services, John Paine da John Paine Editorial Services, Drew Robinson da Spork Design, Veronica Maddocks, Glenn Yeffeth e a equipe da BenBella Books – agradecemos por nos ajudarem a moldar esta história para compartilhá-la com o mundo.

A todos os nossos clientes: somos muito gratos pela bênção que vocês nos dão todos os dias – de fazer o trabalho que amamos, com as pessoas que amamos. Foi nosso trabalho com vocês que inspirou e nos deu os alicerces deste livro. Obrigado por serem sinceros, profundamente interessados e quererem mais de seus negócios. Obrigado por nos convidarem a compartilhar sua jornada. Este livro não existiria sem vocês.

RECURSOS ADICIONAIS

Para conhecer um conjunto completo de ferramentas e recursos que o ajudarão a implementar os conceitos deste livro, acesse www.rocketfuelnow.com (em inglês). Participe da comunidade de visionários e integradores e converse sobre como obter mais de seu negócio. Vai ser ótimo ver você lá.

Junte-se à comunidade. Encontre ferramentas e recursos adicionais. Conecte-se com outros especialistas.

www.rocketfuelnow.com

CONHEÇA ALGUNS DESTAQUES DE NOSSO CATÁLOGO

- Augusto Cury: Você é insubstituível (2,8 milhões de livros vendidos), Nunca desista de seus sonhos (2,7 milhões de livros vendidos) e O médico da emoção
- Dale Carnegie: Como fazer amigos e influenciar pessoas (16 milhões de livros vendidos) e Como evitar preocupações e começar a viver
- Brené Brown: A coragem de ser imperfeito – Como aceitar a própria vulnerabilidade e vencer a vergonha (600 mil livros vendidos)
- T. Harv Eker: Os segredos da mente milionária (2 milhões de livros vendidos)
- Gustavo Cerbasi: Casais inteligentes enriquecem juntos (1,2 milhão de livros vendidos) e Como organizar sua vida financeira
- Greg McKeown: Essencialismo – A disciplinada busca por menos (400 mil livros vendidos) e Sem esforço – Torne mais fácil o que é mais importante
- Haemin Sunim: As coisas que você só vê quando desacelera (450 mil livros vendidos) e Amor pelas coisas imperfeitas
- Ana Claudia Quintana Arantes: A morte é um dia que vale a pena viver (400 mil livros vendidos) e Pra vida toda valer a pena viver
- Ichiro Kishimi e Fumitake Koga: A coragem de não agradar – Como se libertar da opinião dos outros (200 mil livros vendidos)
- Simon Sinek: Comece pelo porquê (200 mil livros vendidos) e O jogo infinito
- Robert B. Cialdini: As armas da persuasão (350 mil livros vendidos)
- Eckhart Tolle: O poder do agora (1,2 milhão de livros vendidos)
- Edith Eva Eger: A bailarina de Auschwitz (600 mil livros vendidos)
- Cristina Núñez Pereira e Rafael R. Valcárcel: Emocionário – Um guia lúdico para lidar com as emoções (800 mil livros vendidos)
- Nizan Guanaes e Arthur Guerra: Você aguenta ser feliz? – Como cuidar da saúde mental e física para ter qualidade de vida
- Suhas Kshirsagar: Mude seus horários, mude sua vida – Como usar o relógio biológico para perder peso, reduzir o estresse e ter mais saúde e energia

sextante.com.br